当代中国社会变迁研究文库

同 舟

IN THE SAME BOAT

职业共同体建设与社会群力培育

杨 可◎著

Construction of Professional Community and Cultivation of
Social Solidarity: A Case Study of
Ming Sung Company

社会科学文献出版社
SOCIAL SCIENCES ACADEMIC PRESS (CHINA)

总　序
推进中国社会学的新成长

　　中国社会学正处于快速发展和更新换代的阶段。改革开放后第一批上大学的社会学人，已经陆续到了花甲之年。中国空前巨大的社会变迁所赋予社会学研究的使命，迫切需要推动社会学界新一代学人快速成长。

　　"文化大革命"结束后，百废待兴，各行各业都面临拨乱反正。1979年3月30日，邓小平同志在党的理论工作务虚会上，以紧迫的语气提出，"实现四个现代化是一项复杂繁重的任务，思想理论工作者当然不能限于讨论它的一些基本原则。……政治学、法学、社会学以及世界政治的研究，我们过去多年忽视了，现在也需要赶快补课。……我们已经承认自然科学比外国落后了，现在也应该承认社会科学的研究工作（就可比的方面说）比外国落后了"。所以必须急起直追，深入实际，调查研究，力戒空谈，"四个现代化靠空谈是化不出来的"。此后，中国社会学进入了一个通过恢复、重建而走向蓬勃发展和逐步规范、成熟的全新时期。

　　社会学在其恢复和重建的初期，老一辈社会学家发挥了"传帮带"的作用，并继承了社会学擅长的社会调查的优良传统。费孝通先生是我所在的中国社会科学院社会学研究所第一任所长，他带领的课题组，对实行家庭联产承包责任制后的农村进行了深入的调查，发现小城镇的发展对乡村社区的繁荣具有十分重要的意义。费孝通先生在20世纪80年代初期发表的《小城镇·大问题》和提出的乡镇企业发展的苏南模式、温州模式等议题，产生了广泛的影响，并受到当时中央领导的高度重视，发展小城镇和乡镇企业也随之成为中央的一个"战略性"的"大政策"。社会学研究所第三任所长陆学艺主持的"中国百县市经济社会调查"，形成了100多卷本调查著作，已建立了60多个县（市）的基础问卷调查资料数据库，现正在组织进行"百村调查"。中国社会科学院社会学研究所的研究人员在20世纪90年代初期集体撰写了第一本《中国社会发展报告》，提出中国社会变迁的一个重要特征，就是在从计划经济走向社会主义市场经济的体制转轨的同时，也处于从农业社会向工业社会、从乡村社会向城市社会、从礼俗社会向法理社会的社会结构转型时期。在社会学研究所的主持下，从1992年开始出版的《中国社会形势分析与预测》年度"社会蓝皮书"，至今已出版20本，在社会上产生了较大影响，并受到有关决策部门的关注和重视。我主持的从2006年开始的全国大规模社会综合状况调查，也已经进行了三次，建立起庞大的社会变迁数据库。

2004年党的十六届四中全会提出的构建社会主义和谐社会的新理念，标志着一个新的发展时期的开始，也意味着中国社会学发展的重大机遇。2005年2月21日，我和我的前任景天魁研究员为中央政治局第二十次集体学习做"努力构建社会主义和谐社会"的讲解后，胡锦涛总书记对我们说："社会学过去我们重视不够，现在提出建设和谐社会，是社会学发展的一个很好的时机，也可以说是社会学的春天吧！你们应当更加深入地进行对社会结构和利益关系的调查研究，加强对社会建设和社会管理思想的研究。"2008年，一些专家学者给中央领导写信，建议加大对社会学建设发展的扶持力度，受到中央领导的高度重视。胡锦涛总书记批示："专家们来信提出的问题，须深入研究。要从人才培养入手，逐步扩大社会学研究队伍，推动社会学发展，为构建社会主义和谐社会服务。"

目前，在恢复和重建30多年后，中国社会学已进入了蓬勃发展和日渐成熟的时期。中国社会学的一些重要研究成果，不仅受到国内其他学科的广泛重视，也引起国际学术界的关注。现在，对中国社会发展中的一些重大经济社会问题的跨学科研究，都有社会学家的参与。中国社会学已基本建立起有自身特色的研究体系。

回顾和反思30多年来走过的研究历程，社会学的研究中还存在不少不利于学术发展的问题。

一是缺乏创新意识，造成低水平重复。现在社会学的"研究成果"不可谓不多，但有一部分"成果"，研究之前缺乏基本的理论准备，不对已有的研究成果进行综述，不找准自己在学科知识系统中的位置，没有必要的问题意识，也不确定明确的研究假设，缺少必需的方法论证，自认为只要相关的问题缺乏研究就是"开创性的""填补空白的"，因此研究的成果既没有学术积累的意义，也没有社会实践和社会政策的意义。造成的结果是，低水平重复的现象比较普遍，这是学术研究的大忌，也是目前很多研究的通病。

二是缺乏长远眼光，研究工作急功近利。由于科研资金总体上短缺，很多人的研究被经费牵着鼻子走。为了评职称，急于求成，原来几年才能完成的研究计划，粗制滥造几个月就可以出"成果"。在市场经济大潮的冲击下，有的人产生浮躁情绪，跟潮流、赶时髦，满足于个人上电视、见报纸、打社会知名度。在这种情况下，一些人不顾个人的知识背景和学科训练，不尊重他人的研究成果，不愿做艰苦细致的调查研究工作，也不考虑基本的理论和方法要求，对于课题也是以"圈"到钱为主旨，偏好于短期的见效快的课题，缺乏对中长期重大问题的深入研究。

三是背离学术发展方向，缺乏研究的专家和大家。有些学者没有自己的专门研究方向和专业学术领域，却经常对所有的问题都发表"专家"意见，"研究"跟着媒体跑，打一枪换一个地方。在这种情况下，发表的政策意见，往往离现实很远，不具有操作性或参考性；而发表的学术意见，往往连学术的边也没沾上，仅仅是用学术语言重复了一些常识而已。这些都背离了科学研究出成果、出人才的方向，没能产生出一大批专家，更遑论大家了。

这次由中国社会科学院社会学研究所学术委员会组织的"当代中国社会变迁研究文库"，主要是由社会学研究所研究人员的成果构成，但其主旨是反映、揭示、解释我国快速而巨大的社会变迁，推动社会学研究的创新，特别是推进新一代社会学人的成长。

李培林

2011 年 10 月 20 日于北京

序

　　近日，杨可告诉我，她在自己博士学位论文基础上增补改写的专著《同舟：职业共同体建设与社会群力培育》即将出版，请我为该书撰写序言。自己的学生已经可以出版学术专著了，这是一件值得庆贺的事情，所以我毫不迟疑地应承下来。

　　杨可是2003年秋进入北大社会学系跟着我攻读硕士学位的，当时的研究方向是女性学。由此算来，我们已经相识16年。杨可天资聪颖，悟性很高。她本科就读的是北京大学中文系的古典文献专业，硕士转到社会学的专业方向，肯定需要面对一个学科转换的问题。但是她适应很快，在研究生学习期间不仅学习成绩突出，还成为我田野调查的得力助手，协助我做了很多团队管理方面的事情，大大减轻了我的工作压力。2006年秋毕业之后，2008年她又报考了北京大学社会学系的博士研究生，以总分第一的成绩被录取，跟着我重新开始求学生涯。

　　博士求学期间，杨可多次跟我讨论博士论文的选题。她跟着我做了多年的田野调查，找一个村庄提炼一个主题，以我们丰厚的资料积累，完成一篇博士论文不是难事。但是杨可却把眼光投向了20世纪30到40年代重庆民生轮船公司这段历史，开始关注卢作孚和他的社会建设事业。这显然是想进入历史社会学的领域。杨可这样做的目的是挑战自己，希望拓宽自己的研究领域。考虑到杨可自2003年转行以来在社会学研究方面取得的长足进步，加上我对她的能力的了解，所以我也给予了大力支持。

　　2012年她以《同舟：民生公司的现代集团生活建设（1925—1945）》为题完成了自己的博士学位论文。我在导师评语中给予了这样的评价："民生公司在抗战期间于宜昌撤退时不怕疲劳不怕牺牲抢运物资的壮烈事迹及其在整个抗战时为国家、为民族所做的贡献早已铭刻在中华民族的史册之上。对于民生公司亦有多种专题研究，但基本是史学的角度，围绕当年公司主要负责人卢作孚在民生公司发展中所起的作用（尤其是抗战中的作为）来展开。"该论文"另辟蹊径，试图以历史社会学的视角，将卢作孚及在其影响下的民生公司职工的思想和行动放在救亡图存的宏观背景下来考察，揭示以卢作孚为代表的一代'民生'人，为救国救民苦苦求索，力图在迷茫中通过'现代集团生活'这样一种方式来训练职工，从而改变人的素质，在制度和成员两个方面为新的社会之建成开辟道路的创造性实践及这种实践背后的可贵理想，这使论文选题有了厚重的历史内涵。另一方面，论文又将民生公司这样的实践放在中国的文化传统之中来考察，指出现代集团生活与中国传统文化的契合，使我们对卢作孚的思想和实践有了更全面的认识，也使我们看到了现代集团生活的现实可行性，所以论文选题亦有很强的现实意义。"

与博士论文相比，杨可在这本学术专著的写作过程中在理论方面做了进一步提升。她将中国知识精英在20世纪20到30年代面对救亡图存的总体性社会危机，为了实现富国强国、抵御外侮的理想而提出的培育社会之"群力"的方案和实践作为考察民生公司及其领导人卢作孚等所倡导的建设"现代集团生活"的历史实践之思想源头，探寻其构建职业共同体的过程对于在职业纽带之上培育社会"群力"、打造社会团结与建设现代国家之积极意义。在某种意义上，我们可以认为卢作孚先生这样的做法是一种实现局部社会改造的实践，因而亦具有一定的开创性意义。

本书亦将民生公司当年的实践与涂尔干的法人团体理论进行了比较，作者指出，从职业共同体研究的角度来看，民生公司"在很大程度上可以看作涂尔干所设想的围绕着共同职业、共同生活在共同的情感基础上建立起来的法人团体的中国版本"。"抗日战争以前，其职工就从经济上、生活上、情感上依附于公司，公司为职工提供照顾与训练。在战时情态之下，组织表现出应变机制，以职业共同体为基础的社会保护进一步形成与强化，职工与公司之间、公司与国家之间的关系变得更紧密了：一方面，职工、公司、国家之间的共同的利益关系日益密切，职工响应公司动员，积极投入公司组织的抗战军运和物资抢运，在紧张的交通运输与大后方建设中，公司亦与入川后的政府形成更多更深的合作；另一方面，国家以民生公司为中介，实现了对战时特殊行业、特殊技术员工的人力管制和动员，同时，与国家形成合作关系的民生公司也利用自己的组织地位为员工主张权利，提供庇护。借着民族主义精神对"同舟"意识的强化，民生公司真正建立了一种职业共同体，实现了以职业整合人群的目标。正是在这种"群力"的支撑下，民生公司才得以完成战争中赋予交通运输的特殊使命"。

作者在这方面所做的分析，可以帮助我们在相对更深入的层面去考察在抗战这一特定的历史时期中国家、民生公司这样的私企与公司职工三者之间的关系，看清当时在经济领域中国家与社会的关系及社会的运作特点，这在历史社会学的研究中显然具有填补空白的意义。

概而言之，杨可在这本专著的写作过程中做了不少有益的探索，进一步提升了该书的学术价值。这也反映了杨可在学术研究中精益求精和不断进取的精神，我衷心希望，该书的出版能成为杨可在学术道路上的一个里程碑，激励她继续奋进。

杨善华

自　序

　　中国进入近代社会以来，西方资本主义文明的冲击和列强的入侵造成了"社会总体性危机"，面对传统士绅阶层式微、国家与个人缺乏中介、社会缺乏整合的局面，为了实现富国强国、抵御外侮的理想，中国的知识精英提出了各种培育社会内部组织性，也即当时所谓社会之"群力"的方案。本书尝试以民国时期著名的民族资本航运企业——民生实业股份有限公司（简称"民生公司"）为研究个案，在具体的历史时期中考察其领导人卢作孚等所倡导的"现代集团生活建设"方案与历史实践，探寻其构建职业共同体的过程对于在职业纽带之上培育社会"群力"、打造社会团结与建设现代国家之积极意义。

　　从职业共同体研究的角度来看，我们发现，民生公司在很大程度上可以看作涂尔干所设想的围绕共同职业、共同生活、在共同的情感建立起来的法人团体的中国版本。民生公司作为航运企业，在风险环境下有其独特的职业伦理建设目标——培养"同舟"意识。舟行水上，随时有覆舟之险，因此同舟者无不利益交关，对这种利益一致性和公共责任的体认进一步强化了群的情感和职业共同体的观念。因此可以说，"同舟"意识即是结合了群的情感与风险意识的一种利益共同观念。具体来说，"同舟"意识可表现为三个方面：（1）对共同的利益/风险和公共责任的体认；（2）共同的生活与情感基础；（3）在共同情感基础上的彼此的高度信任和利他、利群精神。

　　抗日战争以前，民生公司职工在经济上、生活上、情感上依附公司，公司为职工提供照顾与训练。在战时情态之下，组织表现出应变机制，以职业共同体为基础的社会保护进一步形成与强化，职工与公司之间、公司与国家之间的关系变得更紧密了。一方面，响应公司动员，积极投入公司组织的抗战军运和物资抢运，在紧张的交通运输与大后方建设中，公司亦与入川后的政府形成更多更深的合作；另一方面，国家以民生公司为中介，实现了对战时特殊行业、特殊技术员工的人力管制和动员，同时，与国家形成合作关系的民生公司也利用自己的组织地位为员工主张权利，提供庇护。借着民族主义精神对"同舟"意识的强化，民生公司真正建立了一种职业共同体，实现了以职业整合人群的目标。正是在这种"群力"的支撑下，民生公司才得以完成战争中赋予其的交通运输特殊使命。抗战结束以后，随着外部制度环境的改变，民生公司与政府之间出现利益分歧，二者之间原本松散的合作逐渐式微。

考察民生公司的内部劳动体制和人际关系可以发现，尽管公司内部仍存在职员与工人的分工，但普通职员与工人的待遇区别不大，而且由于内部劳动力市场的存在，从工人向职员、从底层向中上层晋升的渠道保持开放，基本没有所谓"君子"与"小人"间的鸿沟。包括船员教育在内的各种各样群的活动以及在正式科层结构之外职工群体内部纵横嵌套的社团、帮派等组织进一步凝聚了职工群体，直到1950年代初之前，整个公司的职工并没有出现明显的阶层矛盾。

在对民生公司职工个体、公司集团、国民政府三者互动关系的考察中，我们发现本案例可视为对新中国成立后中国单位社会形成原因的一种机制性的解释。民生公司中职工与公司的相互依附关系足以证明，工人对现代企业的经济生活、社会生活、心理情感的依附在共产党建立国家政权之前就已经被制造出来了。这是一种涂尔干意义上的使制度运行的情感结构，也即"民情"。可以说在制度变革之前，通过"群力"的培育，企业先实现了人的改造。与此同时，企业组织与国家的相互依赖也因战争期间的统制政策和动员运动实践而得到加强，作为行业利益的代表，一些大型龙头企业也因此成为国家与工人之间的中介结构，构成利益传递和动员管理的一种机制。

已经有很多学者在对民国时期农村社会的重建问题展开研究，但对城市社会组织形式如何由封建之郡县管理转向单位制的研究却较为少见，更缺乏机制性的解释。民生公司在组织制度上的创新探索先行一步，但并非后继无人。本研究力图通过回望这一条"个人－职业共同体－国家"的现代城市组织制度变迁道路，从人的职业角色塑造、组织机制的变迁以及现代社会发育的角度还原中国本土社会建设的实践经验，由此增进对今天的社会组织形态发展趋势和组织制度形成之内在规则的理解。

目　　录

第一章　导　　论 …………………………………………………… 1

第一节　问题的缘起 ………………………………………… 1

第二节　文献述评 …………………………………………… 3

第三节　研究目标、策略与材料获取 …………………………… 19

第四节　本研究试图实现的推进 ……………………………… 23

第二章　现代集团生活的理想：由依赖家庭到依赖社会 ………… 25

第一节　冲击与反应：新世界　新思想 ……………………… 25

第二节　何为社会？如何改造社会？ ………………………… 27

第三节　改变的方向：以现代集团生活培育群力 ……………… 33

第三章　民生公司早期的现代集团生活：相互依赖的生活共同体 ……… 40

第一节　建设现代的相互依赖关系 …………………………… 40

第二节　在群的生活中造成群的情感 ………………………… 78

第三节　培养集团生活中的"同舟"意识 …………………… 99

第四章　战争危机下的集团：合作与共济 ……………………… 107

第一节　制度环境的变化：国家大难 ………………………… 108

第二节　战时的职工与公司关系：组织化动员与优待翼护 ……… 112

第三节　战时的公司与国家关系：松散的合作 ………………… 125

第四节　尾声：战后难以为继的同舟关系 …………………… 136

第五章　总结与讨论 ……………………………………………… 139
　　第一节　总结 ………………………………………………… 139
　　第二节　进一步的讨论 ……………………………………… 141

参考文献 …………………………………………………………… 148

附录1　访问案例介绍 …………………………………………… 162

附录2　抗战时期民生公司牺牲船员名单 …………………………… 163

附录3　民生公司与新中国国营企业福利制度比较 ……………… 165

后　　记 …………………………………………………………… 168

第一章

导 论

第一节　问题的缘起

在中国人的历史记忆中，民生公司①是个传奇，人们热衷于谈起它在抗战最紧张的阶段抢运战略物资和抗战人员入川的"中国实业的敦刻尔克"奇迹（卢国纶，2015），为它对保存民族工业和抗战力量付出的惨烈代价和赫赫功勋发出叹惋和感慨。然而，却鲜有人深入地探究这一切是如何做到的？自然，丰功伟业总是比背后的努力更容易被标记在历史的长河中，但当我们带着社会学的眼光去重新解读这些传奇故事的时候，我们不禁要问，社会学可以为这个问题呈上什么答案？在敌机对川江不断的狂轰滥炸之下，任何一次航行都无异于上前线，作为一个非军事单位、非政府机构的组织，民生公司如何得以运行有方，完成这些历史的使命？一切组织皆由个人构成，民生公司有什么力量让它的数千员工冒死在川江上奔波来往？

2007年，在重庆图书馆与民生公司研究室龙海先生的一次邂逅让我有了解开这个疑问的机会。龙海先生热情地向我介绍了民生公司总经理卢作

---

① "民生公司"全名为"民生实业股份有限公司"，1925年由卢作孚等创办于四川合川，以经营长江中上游航运为主，后来逐渐发展成为民国时期最大的民族资本航运企业。至1949年，其投资兼涉冶炼、机器、造船、煤炭、纺织、食品、建筑、保险等行业，跻身民国时期最大的资本集团的行列。抗战期间，因民生公司在承担军用物资和人员抢运中的突出贡献和巨大牺牲，曾受到国民政府多次嘉奖（民生公司简史可见凌耀伦，1990）。

孚①先生的思想和作为，他的介绍好像一个引子，为我打开了全面了解卢作孚思想与实践的大门。在卢作孚留下的诸多历史遗产中，他的现代化建设理念与实践，尤其是在工商企业内部以职业群体为基础建设现代集团生活的部分读来令我备感意义重大。在我看来，这与经典社会学家们倡导的在职业分工的条件下打造社会的"有机团结"存在某种亲和。在了解了更多的材料之后，我开始尝试把民生公司的惊人事功放在其现代集团生活建设的背景中去理解。一盘散沙的中国亟须建立有凝聚力的组织，这是当时知识精英的普遍共识，当时各种建设组织、整合社会的方案也可谓百花齐放。有不少人的确从乡村入手做了开去，而卢作孚却独辟蹊径地在城市里、企业中开展这项工作，他称之为建设"现代集团生活"。对于民生公司的这番职业共同体建设，他称之为自己的"创造集团生活的第三个试验"，这其中贡献的不只是经济的奇迹、科学管理的经验，更在于工商社会如何"合群"、培养社会之"群力"的宝贵经验。社会学关心的核心命题不正是"社会是如何组织起来的"吗？在民生公司的现代集团生活建设背后，正潜藏着社会变迁时有识之士筚路蓝缕探索出来的社会建设与整合的蹊径，也正是开发新思想、建设新社会的可能契机。此后，更多的相关史料阅读、对耄耋之年的老民生职工及其家属的多次访谈带给我的震撼与启迪让我相信，这些尘封的历史经验值得以社会学的眼光加以开掘。

这里要展开的是一个历史案例的研究，离不开对彼时彼处社会制度、文化的考察，涉及地方社会文化以及当时国家的政治、经济乃至军事环境等具有历史特殊性的方方面面，但与此同时，我也感受到这个研究主题与当下的一种强烈关联。与民国时期一样，当今的中国社会仍在经历着迅速而重大的变迁，但社会建设与整合的任务还远未完成，从某种意义上说，民国时期的前辈们要走的路还没有走完，我们仍面临着制度探索的艰难。对历史案例的探究，除了丰富我们关于历史的知识库以外，也将为不同制度环境下处理相类的问题提供宝贵的比较、镜鉴价值。而新的社会制度、

---

① 卢作孚（1893—1952），原名魁先，别名卢思，重庆市合川人，著名爱国实业家、教育家、社会活动家，民生公司的主要创办者和领导者。其生平事迹可以参看卢国纪，2003；张守广，2002。

组织形式，乃至其中埋伏的问题，都必定与历史上的形式存在着或明或暗的联系，将历史案例引入我们的经验视野之中也有助于提示我们认识到自己的知识和行动的由来，从而最终对我们的行动发生影响。认识到效果历史①的存在，正是我带着谦逊的心情去开展这项历史案例考察的理由。

第二节　文献述评

为了讨论民生公司在企业组织框架下建设和维护职业共同体的努力，需要回顾几种相关的思想脉络与理论资源，为讨论提供一个基本的历史话语背景和概念框架。下面首先从思想史的角度介绍清末民国时期知识界对中国内部组织性的认识、对"群"的讨论与培育群力的主张；再进入社会学的学科话语中，介绍职业团体研究的传统以及劳工社会学所开创的工厂民族志研究传统和经典的劳工调查；最后进入具体的民生公司研究，对已有的民生公司研究进行评述。

（一）清末以来知识界的有关"群"之讨论与培育"群力"主张

自甲午战争失利以来，诸多时贤在与西方的对比中思考中国的问题所在，一致认为中国落后的根基在于不像西方社会那样具有明确的组织性，"实在是一盘散沙"（孙中山，1924），"在社会组织上的问题是上下不通的；政府动员能力的微弱，由'家'组成'国'机制的松散，促使士大夫思考把个人、家庭、国家三个层次紧密结合的办法"（金观涛、刘青峰，2001）。由此，改变中国弱败局面的根本办法落脚在"合群"之上，一时各种合群之论蜂起，严复、康有为、梁启超、黄遵宪、孙中山等人均就"群"与"合群之道"发表宏论。

严复是公认的引进"群学"的第一人（李培林，2008：28），也是他最先将"群"从古代典籍中借用过来指涉西文里介于家庭与国家之间的"so-

---

① "效果历史"（Wirkungsgeschichte）是德国哲学家伽达默尔的诠释学的核心概念，他认为历史通过制约我们的历史理解力产生效力。用伽达默尔的话说，"这些影响首先规定了：哪些问题对于我们来说是值得探究的，哪些东西是我们研究的对象"（伽达默尔，2007/1960：408）。

ciety”的概念。严复所译介的群学观点，乃直接取自英国早期实用主义社会学家斯宾塞的著作。“而又有锡朋塞（即斯宾塞——引者注）者，亦英产也，宗其理而大阐人伦之事，帜其学曰‘群学’”（刘梦溪，1996：541）。严复认为，“民生有群”，群有数等，其中组织程度最高的“有法之群”即社会（姚纯安，2006：108）。也就是说，当群居之民有了共同遵守的约定和共同的利益、建立共同认可的长期不变的制度时，才可以称为“社会”。“偶合之众虽多，不为社会。萍若而合，絮若而散，无公认之达义，无同求之幸福，经制不立，无典籍载记之流传。若此者，几不足以言群，愈不足以云社会矣”（严复，1981/1903：1）。一心追求富国强民的严复着重引进了当时西方社会学中的社会进化论思想，通过创造性的译介宣传自己以群治国、强国的主张。出于内心深沉的“经世”情怀，严复在译介斯宾塞之社会学思想时一方面强调其科学性，一方面亦注重其政治教化作用，以“修齐治平”为目标（姚纯安，2006）。“群学治，而后能修齐治平，用以持世保民以日进于郅治馨香之极盛也”（王轼，1986：11）。“群”的概念一经提出，就引起了当时知识精英的广泛关注和讨论；与之相伴随的“鼓民力、启民智、新民德”的启蒙径路也对后来的知识精英群体产生了持久的影响力，在后文中我们还会述及严复思想对卢作孚的影响。

　　然而，正如论者所言，清末民初各种有关群学的主张存在同名异实的复杂情形（姚纯安，2006：12）。例如，丁乙指出，按谭嗣同的本意，万木草堂的群学并非西方的社会学，而是泛指西方民权政治学说（丁乙，1988）。虽然康有为、梁启超与严复一样谈“群”，但他们的“合群立会”之说更具有政治色彩（姚纯安，2003，2006：24）。维新派合群的方式是倡立“学会”，这是一种知识分子讲求学问、议论政事的自发组织。康有为在《上海强学会序》中说，“夫挽世变在人才，成人才在学术，讲学术在合群”，“尝考泰西所以富强之由，皆由学会讲求之力”。梁启超则在《论学会》中进一步发展出“商群”的讲法：“国群曰议院，商群曰公司，士群曰学会。”（梁启超，2007/1896）也即，要使整个国家的“群力”凝聚，议院是最好的办法；要将企业界联合起来，公司是最好的办法；要把士绅联合起来，学会是最好的办法（张灏，2014：59）。在这里，公司作为（士绅）

自愿结成的经济团体，其意义第一次被与"群"联系起来。而公司与议院这两种群体，仍需以士人群体，即学会为基础。"议院公司，其识论业艺，罔不由学，故学会者，二者之母也。"（梁启超，2007/1896）同时，梁启超指出，"群"要真正建立起来，需要以利他主义的"群德"为基础。"（吾中国）然终不免一盘散沙之诮者，则以无合群之德故也。合群之德者，以一身对于一群，常肯绌身而就群；以小群对于大群，常肯绌小群而就大群。"（梁启超，1985；转引自李培林，2008：40）道德因素在梁启超这里得到了强调，成为群得以建立的要件。

正如论者所言，梁启超尽管尊康南海为师且明显受到谭嗣同有关"仁"的道德思想影响，但也对严复所译介的社会达尔文式的"群"的概念表现出亲近和承接性。"梁对宇宙和社会有趋于群体整合和团结的'群'的认识观点，浸透着一些达尔文式的概念、思想和隐喻，这极有可能是因为严复的媒介作用。梁在论'群'的论文开头即承认严复的影响"（张灏，2014：54）："既乃得侯官严君复之治功《天演论》……读之犁然有当于其心。"梁启超论及"群力"时，将"群"视为一个宇宙论的原则，合群原则被设想为主宰宇宙间万物存亡的自然界本质规律（张灏，2014：53）："夫群者，万物之公性也。"从社会达尔文主义的视角出发，合群原则主导着万事万物的生存竞争。梁启超进而提出了体现整合能力的"群力"概念，"群之力"的大小决定着各民族的生存竞争结果。"有能群者，必有不能群者。有群之力甚大者，必有群之力甚轻者，则不能群者必为能群者所摧坏，力轻者必为力大者所兼并"（梁启超，1988：31）。

政治家孙中山的建国方略离不开现代的政党组织，但他同样明白也"要善用中国固有的团体"，"要结成大团体，先要有小基础"，这个基础就是宗族团体。孙中山（1986/1924）指出，宗族作为中国人国民和国家之间的"很坚固很普遍的中间社会"，可以紧密联系国民和国家结构的关系，相比外国人只是个人和国家的联系反而来得好。因此需要以宗族为单位，改良其中的组织，以恢复国族。从孙中山的革命实践来看，传统的秘密会社所蕴藏的组织力量也给了革命事业相当大的助力。

与孙中山相似，黄遵宪提出的合群方案也是贯通中西，他提出"讲求合群之道，当用族制相维相系之情，会党相友相助之法，再参以西人群学以及伦理学之公理，生计学之两利，政治学之自治，使群治明而民智开民气昌，然后可以进以民权之说"（黄遵宪，1903；转引自姚纯安，2006：212），他认为建立现代的民主社会需结合传统社会的家族、会党等组织资源，再辅以西方的社会学、伦理学、政治学理论的传播，提升"民"的素质。

以上诸位清末民初的知识分子，在中西对比中意识到了中国的积弱根由在于缺乏集团的力量，他们提出的合群之道要么试图盘活传统社会的组织资源（家族、会党），要么则试图借力于西方的现代组织形式（政党、学会、公司）。要言之，都是要强化社会的组织。

这些对中国社会结构的理论认识与合群之道的设想由民国时期的乡村建设派转变成了实实在在的农村社会实验，其中贡献最为突出的是村治派的梁漱溟。他认为中国社会之所以散漫、消极、无力，是因为不像西方人那样始终过的是集团生活。"中国人从来缺乏团体生活，处处像是化整为零的样子"（梁漱溟，2006：47），"中国社会病在散漫，救之之道，在于团结组织……结合团体是分子对团体的一种'向心力'，中国社会所需要的正在此"。因此，要从根本上改变中国社会，尤其是乡村的这种局面，其途径就是建立新的乡村组织（梁漱溟，2006；李培林、渠敬东，2009）。他在河南与山东所做的乡村建设则是从办乡学村学开始，改造传统的乡约村约，以建立政教一体的乡村组织。他希望"从乡村中培养新组织构造的基芽"（梁漱溟，2006）。

费孝通对中西社会格局的判断与梁漱溟很近似，他同意乡土中国社会缺乏现代西洋的界限分明的团体格局。在他看来，在中国传统社会的基层结构是"一根根私人联系所构成的网络"，而且这个社会关系的网络界限并不分明，富于伸缩性。费孝通还进一步指出，乡土中国的差序格局与现代西洋的团体格局的差别引发了不同的道德观念，传统社会的社会道德也只在私人联系中发生意义，缺乏基于个人和团体关系的普遍的道德要素（费孝通，1998：24—40）。

上文对清末民国时期知识界对"群/社会"的讨论以及培育群力的主张

做了一个简单的回顾与评述，意在勾勒卢作孚建设"现代集团生活"方案的思想与历史环境。由此不难看出，卢作孚的方案也从属于这一社会组织建设的基本脉络。他与其他知识精英一样，面对的都是一个传统的士绅阶层式微、国家与个人缺乏中介、社会缺乏整合的局面。要实现富国强国、抵御外侮的理想，从社会组织形态上说首先要增强内部的组织性，将个人的力量凝聚到组织上来。与梁漱溟等人在乡村重建组织相比，卢作孚的不同之处在于他还将组织建在城市中，在现代企业里，这是一项史无前例、从无到有的工作，"建设新的集团生活在一点没有新的集团生活的环境当中，最是困难的工作"（卢作孚，1990/1934：344）。不过，唯其困难之大，才可以显出其决心之坚，也更让这段历史经验更富有开创性的价值。

具体来说，结合卢作孚本人的思想发展轨迹和几次建设现代集团生活的实践，本研究关心如下两个问题。

第一，卢作孚是针对什么问题提出建设"现代集团生活"的？他对当时中国社会结构的判断是怎样的？他的认识源于何处？

第二，如果卢作孚的判断和时贤无异，为何他又特别选择在城市、在企业中去开展集团建设？

（二）职业团体的研究传统

在对清末民国时期的社会背景和学界理论主张进行简单回顾之后，让我们把视野投向社会学的学科话语。社会学正是伴随着近代工商社会的兴起而发展起来的，对于讨论民生公司这样的现代企业而言，社会学可以提供丰富的学术话语资源，其中之一便是历史悠久的对于职业团体的研究传统。

社会学家们对职业团体的研究兴趣并非在于它自身，他们更关心的是现代社会中职业团体对于整个社会的整合、规范功能。从西方社会的发展进程来看，进入现代社会以来，由于传统的生活方式及其附带的伦理价值被打破，现代人陷入了方向迷失的困境，齐美尔笔下的陌生人，涂尔干所讨论的失范，都是对现代人这种游离无依、无所适从的状况的经典把握。因此，在整合社会的目的引导下，社会学家转向了现代社会的组织，他们希望其为现代社会的整合、个体身份及其意义提供来源。在涂尔干看来，要消除现代经济生活中法律和道德失范的状态，要治疗利己主义自杀中所反映出的社会弊病，需要依赖"同类劳动者、履行同样职责的合作者联合起来的职业团体或行会"（涂尔干，2000），因为在现代社会中，只有职业群体才是最广泛的初级群体，和国家等政治团体相比，能够为人们提供一种最直接、最广泛和最持久的道德生活环境（谢立中，2005：135）。借助职业团体这样一个次级群体组织，政府和个人也得以连接起来。从涂尔干之后，巴纳德（Bernard，1938）、尾内（Ouchi，1981）、彼得和沃特曼（Peter & Waterman，1982）延续了这个历史悠久的传统（参见斯格特，2002：311）。

具体到中国的经验，民国时的历史学家顾颉刚在《妙峰山》中留下了各个职业团体集体上山进香的生动记载（参见全汉升，2007/1934），而全汉升的（2007/1934）《中国行会制度史》则成了中国社会学界研究职业团体的发轫之作。他区别了依赖技术的手工业行会（手工帮）、依赖资本的商业行会与依靠体力的苦力帮。尤其是他对苦力帮的研究，此前一直为学界所忽略（参见李培林等，2009）。民国时期中国开始出现了现代意义的工会、公会、行业协会等职业团体，从职业团体与国家的关系来看，当今的学者认为，南京国民政府选择的是国家法团主义①的道路（魏文享，2004；裴宜理，2001：147）。南京国民政府1928年起开始训政过程，提出民众训练计划以及人民团体组织方案。对职业团体进行重新组织，讨论职业团体的政治代表性问题（魏文享，2011）。从两岸学者整理出版的文献中可以看到，尤其在抗战爆发以后，国民政府着力于人民团体的登记和"积极调整"，务求"居指导地位"，有关机关定期对各社会组织尤其是各地工会和公会加以统计，对于一些特种行业，则直接"协助组织工会"（秦效仪，1983；李文海，2009）。

1949年之后，在城市里普遍建立起来的"单位制"可以说真正实现了国家对城市社会的控制，以职业团结为基础的单位成为社会的基本组成单

---

① 《上海罢工》2001年的中译本译为"合作主义"，但从其引用的施密特的定义及英文原文"corporatism"来看，即为法团主义无疑。这里为了与大多数文献中的提法保持一致，改为法团主义。

元，所有城市社会的成员生老病死都在单位里完成（参见路风，1989；李汉林，1993，2008；李汉林、渠敬东，2002），单位成了"基本的调控单位和资源分配单位"（王沪宁，1995，转引自田毅鹏、漆思，2005：3）。自1980年代中期开始，由魏昂德所开创的单位研究成为职业团体研究的一个引人注目的领域。魏昂德虽然没有使用"单位"这个字眼，但他通过对内地国有企业的研究提出了一种他称为"共产主义新传统主义"的组织类型。在魏昂德看来，这种组织结构的主要特征在于"制度性的依附"（organized dependence），即工人在经济上依附企业、在政治上依附党政领导以及在个人关系上直接依附车间领导，从而形成制度化的"庇护网络"（华尔德，1996）。李猛等（1996）将魏昂德的工业权力研究进一步推进，对所谓"领导"这一概念加以细分讨论，指出领导并非意见一致的行动整体，派系正是基于其间的分歧而产生的一种纵向关系网络。"（单位中的）权力基础实际上是一种纵向关系网络。这个网络以单位内某一级别的某个官员为枢纽，呈分散状上下延伸出去。而在同一级别内，竞争使官员往往组合成几个分裂的单位。这样就形成了几个上下延伸、平行断裂的关系网络，我们将其称为派系结构。"李猛等人在单位中所看到的纵向的派系群体撬开了理想类型中的科层结构，指出了单位的非均质性以及这种"庞大的超级理性体制的裂痕"下的"自由空间"（渠敬东等，2015），为将情感联结、价值认同、道德约束等非理性因素纳入以前被视为超级理性体制的单位创造了可能。

如果说李猛等关注的是单位中的断裂和缝隙，那么王星等人对师徒制的讨论则将职业团体之内的职业身份形成机制和更具纽带作用的团结机制带入了学界的视野（王星，2009，2014；渠敬东等，2015）。

对于单位制的历史起源，现有文献中比较有影响的主要是路风（1993）的"供给制起源说"和卞历南（2011）的"抗战制度变迁说"。

1993年，路风发表了《中国单位体制的起源和形成》，细致地分析了单位体制的历史成因，他认为单位制起源于革命根据地长期实行的军事共产主义分配制度——单位供给制传统。在根据地斗争时期，为了应对资源紧张，保证供给，党的革命队伍中的个体必须紧紧依附组织。在党获得了全国政权之后，为了实现对全社会有效动员，对有限的资源进行配置，党的权威经过了一个向各基层组织贯彻、延伸的过程，最终形成了单位制这种特殊组织形式，作为我国政治、经济和社会体制的基础（路风，1993）。

在路风之外，卞历南的考察也对单位制的历史起源提供了一种路径。他将这一具有中国特色的经济制度的本土根源追溯到 1949 年以前。他指出，1949 年以后国营企业三大界定性特征包括"官僚治理结构，具有鲜明特征的管理与激励机制，以及企业提供社会服务与福利"（卞历南，2011），这乃是抗战时期的制度变迁之结果。在日本大举侵华造成的全面危机之下，"为应付和适应当时国际国内及其严峻的社会、经济和政治形式及挑战"，国民政府开始调整其"思想模型"，不仅促成了中央计划官僚机构的建设、国民经济向兵器工业和重工业逐渐倾斜，在大量企业内迁而城市基础设施和市场环境不能满足需求的情况下，许多企业还主动向员工提供各种社会服务与福利，以期留住紧缺的劳动力，维持生产。

但无论是路风还是卞历南，都将单位制这种企业治理模式追溯到政治权威对劳动体制的绝对影响上。卞历南尤其强调从上到下的"思想模型"转变对相应的劳工政策、经济政策的整体影响。尽管卞历南的研究关注到了抗战之前已有若干民营企业开始在企业内向员工提供社会服务与福利的实践，但对于为何开始实践这一劳动关系体制是在抗战开始之前而不是之后、为何其最初出现于民营企业而非国营企业这一不符合其"冲突－反应"解释框架的历史经验事实，却并未过多着墨。① 究其原因，卞历南可能过于强调官方政策指令对制度变迁的影响，而忽略了对这些政策条令赖以运行的实在的民情基础的考察。

有学者并不同意仅将单位制度概括为控制与整合的权威制度的一部分。例如张静采取了法团主义式的问题视角，通过对企业职代会的案例研究指出，单位不仅代表了国家的控制力量，还有社会利益组织化传输的一面，

---

① 卞历南本人亦承认，"如果说企业官僚治理结构之演变与扩张由于有限制度禀赋的限制而基本上呈现出路径依赖特征的话，那么企业管理与激励机制的建立则由于这些机制的外部起源及其克服现存制度禀赋局限之能力而主要呈现出路径独立的特征"。同时，"企业社会服务与福利制度的演变与国营企业管理与激励机制的建立过程有颇为相似之处，因为路径独立也是企业社会服务与福利制度演变的特征"（卞历南，2011：22）。也就是说，卞历南认为企业社会服务的发展受到一些不能为正式制度所解释的外部因素影响。

它一方面是控制性的国家行政（设在基层）的组织，另一方面又是具有利益组织化及传输作用的（准）政治性组织，而单位的这种"政行合一"的双重性质使它成为一个国家和社会民众之间的中介体，从而有效地作用于城市社会的冲突处理，有利于基层社会的结构稳定（张静，2001a：24—26）。张静提出的对单位制度在社会控制之外的组织化利益传输的一面对思考职业团体与国家之关系颇具启发意义。

在讨论职业团体与国家关系时，法团主义是一个常用范式。安戈、陈佩华、皮尔逊、张静等学者已尝试将法团主义的框架用于解释改革以后的中国的国家－社会关系。陈家建指出，在分析当代中国的国家社会关系时，法团主义是比多元主义更为适合的研究范式，法团主义与多元主义的核心区别在于，国家与社会不是分立而是融合的。在他看来，当今中国无论是在中国的城市社会、农村社会还是基层政府组织中，都出现了许多法团化的组织形态。在城市社会中，经济精英千方百计与官员结盟，以此来保障自身利益。这种经济精英阶层没有相对于政府的独立性，而是与政府合作形成了法团化的组织结构（陈家建，2010）。安戈和陈佩华指出，在重视集体忽视自我的儒家文化浸润下，东亚各国具有容纳组合式（即法团式）制度的文化背景。他们还明确提出，在关于西方经济的法团模式的探讨中，除了工会和政府，大工业也是一个至关重要的参与者。从各国的实践来看，韩国的经济发展是由一些大的企业集团，即"财阀"推动的，在一种国家法团式的制度中，政府监督、协调企业集团的活动（Unger & Chan，1995；安戈、陈佩华，2001）。郑南（2013）通过对丰田公司以及当前的丰田市（即所谓"企业城下町"）的研究，以地域法团主义的视角说明了丰田公司对地域社会的全面支配。总的来看，"处于战争年代的国家，以及那些既强调政府指导下的经济快速增长，又力图维护政治和社会稳定的国家，往往容易诉诸组合式政策"（安戈、陈佩华，2001）。改革以后的中国正是后一种状况。按照施密特的分类，根据国家对社会管制力度之强弱，法团主义下又可以区分出"国家法团主义"和"社会法团主义"两种类型（张静，2001b）。顾昕等（2005）进一步指出，以过程性的视角来看，其实国家法团主义与社会法团主义之两类法团主义在数量有限性、非竞争性、等级化、功能分化、国家承认的特殊主义、代表地位的垄断性、国家对社团的控制等方面均有共同特征。国家法团主义与社会法团主义真正的区别在于形成这些特征的过程有所不同。在国家法团主义模式中，其特征是由国家自上而下的强力干预形成的，即通过种种行政化或者明文规定的方式，国家赋予某些社团特殊的地位，而对竞争性的社团则根本不给予合法地位。相反，在社会法团主义模式中，某些社团享有的特殊地位是通过自下而上的竞争性淘汰过程形成的。郑南（2013）曾尝试比较以丰田公司为代表的日本企业对地域社会强大的影响力和中国单位在国家面前的脆弱，其实二者之间的差异正源于社会法团主义与国家法团主义模式之别。就中国经验而言，无论是抗战时的统制经济还是单位制时期的计划经济，虽然人们也依赖公司/单位才能获得各种资源，但国家仍处于强有力的主导地位，并没有形成以企业为中心的法团主义体制。而针对战争时期的中国，也开始有学者运用法团主义的理论视角来处理工会等职业团体（胡悦晗，2010）。本研究也拟以法团主义为框架、以民生公司这个企业集团为案例，对战时国家与企业的关系进行一番历史的考察。

总括上述对职业团体的研究，我们认为从职业团体的角度来看，主要应关心如下三个问题。

第一，从民生公司内部看，民生公司是否真正实现了以职业整合人群的目的？

第二，从民生公司与政府之间的关系来看，是合作、依附还是对抗？

第三，民生公司与单位制所讲的"单位"有什么异同？换句话说，以民生公司为代表的企业集团实践与单位制是否存在联系？

（三）劳工研究传统①

当我们将目光投向企业内部，势必离不开对最核心的劳资关系的讨论。甲午战争后，由于近代工商业迅速发展，劳资矛盾进一步尖锐化，加之社会主义思潮的传入，"劳工问题"进入了社会分析家的视野，一批社会学者长期致力于社会调查与研究工作（具体研究成果参见田彤，2011；闻翔，

---

① 劳工研究在西方学界历史悠久，文献众多，这里只概述对中国的劳工进行研究的传统。

2018）。这些学者从工人生活状况、劳工团体、劳动争议、劳动报酬、福利设施、劳工法规等方面进行细致调查与分析，以寻求改善工人生产与生活状况、缓和劳资关系的方法。当时热衷于开展劳工调查的不仅是学者，国民政府也十分重视劳工问题，工商部、实业部陆续出版了全国性的劳动年鉴，一些比较发达地区的地方政府也纷纷开展劳动调查，统计劳动争议（详参田彤，2011）。尽管在社会主义思潮和工人运动的影响下劳资矛盾不断发生，但强调劳资和谐发展仍是政府劳动部门以及学界的主流。以陈达的《中国劳工问题》为例，陈达考虑劳工问题不囿于劳资利益对立的思路，而更多地从社会着眼。他主张"他们（社会问题研究者）的态度应该公正不偏，他们的研究应该注重事实的分析，以批评的眼光，做积极的讨论"。他也正是从事实切入对劳工问题的解决，并不赞成中国的工界采取激进的劳工运动，而是提出了一个工界、雇主、社会、政府多方联合协商的思路。他将生存竞争与成绩竞争统一起来，一方面强调劳工的生存竞争压力应当适当减轻，另一方面，劳工作为社会阶级之一也对社会有贡献成绩的义务。"要想社会有进步，工人们亦必须有些成绩才是"（陈达，1929；杨雅彬，2009）。

类似陈达这样的重视数据资料搜集的调查被费孝通视为仅仅是"某一人群社会生活的见闻的搜集"，费孝通主张的是社会学调查，或称为社区研究，"要依据某一部分事实的考察，来验证一套社会学理论或'试用的假设'"（费孝通，1946）。他在西南联大期间也主持了一项"云南工业发达中劳工问题研究计划"，留下来的作品就是史国衡的《昆厂劳工》与田汝康的《内地女工》。

田汝康的《内地女工》（1946）是对昆明一家纺织厂女工展开访谈后形成的报告，其中提到女工们进厂常常不过是要躲避家庭纠纷。史国衡在对昆明一家国营工厂的调查中也发现，工人们到厂目的各不相同，他们或是躲避家庭，或是为役政所迫，真正抱着在现代工业中求发展的想法的人并不多（史国衡，1946）。工人的来源、身份参差不齐也影响了他们之间的关系，技术水平、出身籍贯都成了造成他们之间隔膜的根源。史国衡发现，只是安排集体生活不一定能培养群的情感，也可以成为互相矛盾的基础，生活习惯的不同也可以形成冲突。员工间最大的断裂出现在工人与职员之间，作者认为现代工厂中这一对立源于传统社会中君子/小人、劳心/劳力的身份划分。费孝通（1946）在《昆厂劳工》的"书后"中认为，要解决现代工厂中这种分工而不合作的病象需要让组织中一切参加的人产生高度的契洽精神，而如何达到这一点呢？在当时西方人际关系学派的影响下，费孝通也提出要重视非正式组织的作用，因此，"要使得工人效率提高，最好是使工人们把工厂看成是他们所关心的生活团体"（费孝通，1946：219）。

1949 年以后，国内的劳工研究多采取阶级的框架，而海外中国研究者在对民国劳工史的研究中则试图逆着中国工人运动史的阶级对立的研究传统来提出问题，对中国工人阶级的团结性与整体性命题提出了质疑，他们对工厂、工人群体乃至工人家庭生活、工人与其他阶级之关系细致入微的经验研究弥补了国内惯常的仅以"阶级"视角观察工人群体、工人运动的不足。1980 年代，美国学者贺萧（Gail Hershatter）在天津、韩起澜（Emily Honig）在上海所做的工人研究是海外中国研究中著名的劳工史研究姐妹篇（Hershatter，1986；洪尼格，2011）。韩起澜在对民国期间上海棉纱厂女工的研究中发现，女工在地缘基础上持续分化，地方主义、殖民主义、青帮都成为阻碍她们团结一致和阶级意识产生的力量（洪尼格，2011）；贺萧在对更为分散的天津劳工的研究中也发现了跨阶级的联合的重要性（Hershatter，1986）。这与裴宜理《上海罢工》（2001）中所得到的工人阶级复杂分化的结论不谋而合。《上海罢工》挑战了以前劳工史研究中工人阶级的高度团结才能铸就阶级行动的假设，指出各种籍贯、产业、技术类别不同的工人阶级由于其历史和身份不同，拥有不同的利益，但工人阶级的复杂性并不影响他们的斗争性，除去阶级以外的其他各种认同也可能构筑起同仇敌忾的凝聚力并争取其团体的利益。研究北京工人政治的斯特兰德也呼应了这一结论，"现代的工人组织也只是工人们用于保护与增进自己利益的一个组织而已——从这个方面来说，纵向的动员和横向的动员至少是一样重要"（转引自 Hershatter，1986：5）。

前文已经述及魏昂德对改革前的中国国有企业的研究（华尔德，

1996），他将工人与工厂领导之间建立起来的非正式的依附－庇护关系归结为共产主义的新传统，因为这种垂直的效忠关系是个人化的、非正式的，甚至客观上在工人中造成了分裂效果，他的这一分析也被视为在"非阶级的分析方向上进了一步"（张静，2001a：15）。不过，魏昂德将工人与工厂间依附关系建立的起点放到革命之后的论断却建立在了对历史材料（尤其是对贺萧的天津工人研究）的误读上。魏昂德在谈及中国1920到1940年代的劳工关系时，认为基本上工人与工厂间没有联系，一切都依靠包工头（华尔德，1996：37）。但与魏昂德同一时代的美国学者贺萧就指出，至少在天津棉纺织工厂中，1930年代初产业界就兴起了取消工头制的风潮，而且在国营企业中建设提供各种福利设施的工人社区是非常普遍的现象，战后则更是如此。这些福利设施包括宿舍、食堂、诊所、子弟学校、消费合作社、浴室、运动场，而且产假、工伤保险、丧葬补助乃至剧社、乐队、英语课堂无所不包（Hershatter，1986：165）。天津市社会局留下的天津各业调查资料支持了贺萧的这一说法（吴瓯，1931a，1931b，1932；吴瓯等，1931）。实际上，更早期的劳工调查就提到了新工业的工人们所享受的福利设施："国内有许多新工业，现在都为工人预备寄宿舍，只要工人们愿意略微出些房租，无论他们是已婚的或未婚的，都可以分别居住，如唐山开滦矿务局的工人宿舍，设备比较良善。又国内有许多工业雇主在工作场所替工人们预备食堂，如南通大生纱厂；或预备浴所，如上海丰田纱厂。除此以外，所有工人们的娱乐机会与设备，现在也渐普通，如上海商务印书馆的同人俱乐部。"（陈达，1929：491）尽管魏昂德对革命后工厂与国家间的依附－控制关系的总体判断没问题，但对革命前的历史材料掌握得不够细致全面，这使他无意中失去了探索另一种解释路径的可能。

总的来看，已有的这些劳工研究作品，尤其是工厂民族志，不仅为我们提供了重要的历史材料和经典的写作范本，更重要的是，它们形成了自己独特的观察领域和问题意识。如果说前述职业团体的研究传统关注的核心在更为宏观的社会整合以及国家与社会的关系，那么劳工研究的传统则聚焦于更为具体的工厂、工人群体，它们以关注劳工为核心，其特点都可概括为对企业内部人和人与人之间关系的把握。那么，结合研究主旨，从劳工研究的传统出发，我们关心如下三个问题。

第一，民生公司内部是否有按阶层身份划分阵营、认同分离的现象？

第二，如果对上一问题的回答是肯定的，那么阶层利益的冲突在何种程度上存在？如果回答是否定的，那么是什么原因让劳资关系得以融洽？

第三，公司里是否存在其他的劳工团结的形式？如果的确存在，它的作用是增进劳工群体的团结还是导致其分化？

（四）对卢作孚及民生公司的已有研究概述

对卢作孚本人的研究其实不在少数，除去传记作品以外，近年来教育学、经济学、管理学、历史学乃至美学领域，卢作孚研究都多有推进。西南师范大学（已于 2005 年合并为西南大学）是卢作孚研究的重镇，其卢作孚研究中心近年来多次主办全国性的学术研讨会，在 2004 年结集出版的论文集中可以看到与会学者们的研究关注点多落在乡村现代化建设、民众教育与职工教育等方面。其中比较独特的一篇文章是张瑾教授对北碚模式的研究，她指出了北碚的乡村现代化乃至重庆的城市现代化进程与民生公司的关联。自重庆开埠以来，长江航道一直是"下江商人"与重庆贸易往来的黄金水道，而民生公司的客运服务使它成为沟通重庆和外界的桥梁（张瑾，2004）。换言之，民生公司始终处在相对封闭的四川和下江文明交汇沟通的潮头。这一研究为我们理解民生公司制度创新的来源提供了一个背景。

此外，严云强（2004）专文讨论了卢作孚建设"现代集团生活"的思想。他敏锐地指出，卢作孚要建设的"现代集团生活"，其实质是"事业中心论"。此前，凌耀伦教授在一篇综述卢作孚研究的文章中指出，卢作孚想要建立的现代集团生活从属于一个虽有私有制但无阶级对立的社会，这是"一种经过'改造'了的资本主义社会，同时包含着一些空想社会主义的色彩"（凌耀伦，2000）。

西南大学的吴洪成、郭丽平（2006）等研究者的专著《教育开发西南——卢作孚的事业与思想》系统地梳理了卢作孚毕生的教育实践和教育思想，尤其在"公司学校化实验"中，对民生公司所开展的职工教育进行了总结（吴洪成、郭丽平，2006：191—205），特别指出卢作孚的职工教育目的是职工、企业、社会三位一体的，但最终其落脚点仍定位在为社会服务的层面（吴洪成、郭丽平，2006：265—267）。在与同样兼具实业家与教育家身份的张謇对比时，该文作者认为卢作孚更好地将职业教育和事业融为了一体，民生公司学校化的实验让他的教育思想和现实事业更加紧密地联系起来（吴洪成、郭丽平，2006：300—301）。

在众多研究者中，赵晓铃是为数不多的关注卢作孚"兼善"思想的研究者之一。她通过研究民生公司分散化的股权分配、优厚的职工福利待遇和新村式的职工集体生活指出，民生公司一开始就朝着公有化的道路前进（赵晓铃，2000）。在近期的新作中，赵晓铃以民生公司档案为材料，真实展现了1945年以后民生公司如何在内外交困中走向劳资矛盾激化，最后卢作孚悲情谢幕的过程（赵晓铃，2010）。其中对在民生公司发动阶级斗争之难的描述从侧面反映出了公司集团生活建设的效果。以1950年"西崽"要求改善待遇的事件为例，我们可以见到原来职业团体的团结如何被主流的阶级斗争的话语日渐分割（赵晓铃，2010：97—99）。

在对民生公司历史的研究中，以"中国水运史丛书"之《民生公司史》（凌耀伦，1990）最为翔实可信。该书由经济学人担纲主编，尤为注重挖掘经济史料，不仅查阅了长航公司保存完整的民生公司原始档案，还走访了民生老职工数百人次。可贵的是，该书不但注重从民生公司自身的经营管理角度进行总结，还将民生公司置于时代经济背景之中，与同一时期的其余企业进行了多处对比，因此尤富参考价值。

西南大学刘重来教授关注卢作孚对于北碚的乡村建设有年，2007年推出《卢作孚与民国乡村建设研究》一书，挖掘卢作孚在北碚的乡村建设成就，指出1920—1940年代末卢作孚及其胞弟卢子英等人在嘉陵江三峡地区开展的乡村建设运动是民国时期中国众多乡村建设实验中时间最长、成就最大的一个。同时，该书也阐明了嘉陵江三峡乡村建设运动之所以能取得与众不同的巨大成就，一个重要的原因便是得到了民生公司的大力支持（刘重来，2007）。与梁漱溟、晏阳初的乡村建设模式不同的是，北碚的乡村建设解决了靠外部输血的问题，通过民生公司以投资形式参与或主持峡区建设，以工辅农；同时民生公司也获得了稳定低廉的煤矿供应、环境良好的学习培训基地和训练有素的建设人才，实现了互利共赢。可以看到，北碚和民生公司作为卢作孚现代集团生活建设的两个试验场，两者并非互不相干，而是通过卢作孚的整体的社会"群力"培育规划相联系。

在当代史学界城市史、新社会史、区域社会史的风潮推动下，一些研究四川、重庆社会的海外史学家也将关注的目光投向了卢作孚和民生公司（张瑾，2003），其中以罗安妮（Anne Reinhart）对中国航业的研究影响最大，她的研究将中国航业放在半殖民地的背景之下，对长江流域社会生活展开生动写照，涉及民生公司整合川江航运、废除买办制度、茶房招聘制度等微观层面。她以轮船上的社会空间为譬喻，关照长江上的航业企业如何在与外国资本的角力中开创空间，发展民族资本。不过，由于该研究侧重点是中国现代化进程中的航业如何建设现代民族国家，对企业内部的集团建设及其与国家关系并未着力分析。而且其研究以1937年为下限，未能涉及抗战带来的巨大社会变化（Reinhart，2002）。

2016年，编辑收录民生公司历年来各界人士演讲的《民生公司演讲集》问世（项锦熙，2016），该书系1932年到1946年公司朝会上的演讲实录，主讲人包括黄炎培、翁文灏、马寅初、张伯苓、梁漱溟等各界名流。翻阅其中的演讲内容对于我们理解历史上民生公司开放的精神面貌提供了一个深入的窗口。可以看到，尽管重庆偏处西南一隅，但随着政府机关、企业、学校不断西迁入蜀，全国人才荟萃于巴渝之地，各种思潮亦汇聚在民生公司小小的演讲台上。战时的重庆虽对外交通相对不畅，在精神上却绝非孤岛。仅就开放眼界关注世界先进文化与潮流而言，留德博士王希城讲德意志之民族性如何勤奋雅洁讲究公德，留日的川大教授介绍日船服务如何殷勤规范，在耶鲁学成归国后任复旦大学校长的李登辉则介绍了美国福特公司如何通过劳资合作获得事业的成功，并对中国的实业发展提出期望（项锦熙，2016：27、124、391）。

最后要提及的是由西南大学卢作孚研究中心、民生实业（集团）有限公司研究室主办的刊物《卢作孚研究》。该刊虽是内部同人刊物，但内容丰富、编排严谨，反映了卢作孚研究的最新状况，文献出版、专题论文、历史随笔、史料钩沉等无所不包，是卢作孚及相关研究的同人了解研究进展和最新前沿成果的最佳平台。

纵观已有的卢作孚与民生公司研究成果，篇数虽不少，却多介绍、整理，少分析、挖掘。从已发表的文献来看，在描述性的作品之外，目前主要的研究突破方向集中于卢作孚在北碚所开展的乡村建设和职业教育上的贡献与经验，从社会学入手探究民生公司现代集团建设的组织研究几乎阙如。因此，这也就成了本研究的突破口。

第三节 研究目标、策略与材料获取

（一）研究目标与策略

前述文献综述部分所涉的职业团体研究和劳工研究在研究层次上各有侧重。职业团体研究较为宏观，它关心的是团体如何在整个社会的范围去实现整合与规范的功能，因此对社会与国家关系的讨论也是题中应有之义；而劳工研究则将焦点置于企业内部关系以及劳工态度、认同等较为主观的方面，相比之下属于更为微观的层次。

本研究希望围绕民生公司这一企业组织，综合运用上述两个研究传统的理论透镜，关注卢作孚在企业内部建设职业共同体的实践。我们关心他设计了什么样的目标，又利用了哪些资源、建设了哪些制度来实现这些目标？在与更为广泛的层面特别是国家发生联系时，民生公司如何把握相互关系的尺度？这带来了什么后果？特别是，在历史情境发生变化时，当政治、经济、军事环境骤变之际，民生公司成员与公司之间、公司与国家之间的关系是加深了还是有所松动？其原因又是什么？

尽管这些问题的答案都是对民生公司这一案例具体情况的历史分析，但其中也包含着理论的关怀。在微观的层面上，本研究希望丰富对中国内地城市社会的劳工心态与认同的认识，在现代民族国家建设和市场经济并行发展的进程中，他们如何平衡个人与组织、国家的利益关系；在更宏观的层面上，本研究希望挖掘的，是一条民国时期城市社会的社会整合途径，一条"个人－职业共同体－国家"的合群之道，深入探讨其来处与去处，为今天理解社会组织与整合的可能性提供参考。

因此，为了兼顾个人、企业组织、国家三个层面，从研究策略上本研究采取结构－制度分析与过程－事件分析相结合的办法，一方面从国家与地方的制度、文化及经济等结构性因素着手，关注企业内部理性化的、规范性的结构；一方面，为了避免静态结构的不可见性，我们需要将过程因素考虑进来，在事件的进程中去观察人们的社会行动，探讨非正式的关系与新的协议关系的形成。因为，正如孙立平（2000）所指出的，只有将动态过程结合进来，才能真正展示事物的逻辑："（我们）研究的目的，就是对这样的事件与过程，进行叙事性再现和动态关联分析。只有在这样的时候，真正的社会关系才能真正地展示出来……这种'有事情的时候'是什么，就是一种可以展示事物逻辑的事件性过程……关注、描述、分析这样的事件与过程，对其中的逻辑进行动态的解释。"在本案例中，影响最直接最剧烈的事件莫过于抗日战争的爆发，因此本研究也将结合这一历史进程来对个人－企业组织－国家的关系进行更进一步的考察。

应该说结构与行动、制度与过程本是不可拆分的，因为实践本身是连续的，吉登斯曾就此提出了行动本身就是具有反思性的行动的"流"，而"结构的二重性"概念则阐明了结构与行动之间的关联："结构既作为自身反复不断地组织起来的行为的中介，又是这种行为的结果；社会系统的结构性特征并不外在于行动，而是反复不断地卷入行动的生产与再生产。"（李康，1999a：222）吉登斯区分出社会分析的两种形式，即"制度分析"和"策略性行动分析"，"所谓制度分析，是暂时悬置行动者的技能与自觉意识，集中考察作为反复不断地再生产出来的规则与资源的制度。而策略性行动分析则暂时悬置对在社会层面上不断再生产出来的制度的分析，集中考察行动者是如何反思性地监控自身的行为，如何利用规则与资源构成互动"，但同时也强调了这种分析层次上的两分也只不过是权宜性的方法（李康，1999a：221）。

在承认结构与行动本身不可拆分的前提下，为了叙事的方便，本研究按照吉登斯的"制度分析"vs."策略性行动分析"的主张，将民生公司早期形成的结构/制度与抗战时期的策略行动拆解为两部分，这也符合案例的历史发展过程。在第一章导论之后，本研究第二章从卢作孚所处的时代背景入手，探寻1920年代时他提出建立民生公司的初衷，及其对公司内进行现代集团生活的理想化的制度设计，这一部分涉及较多的思想史内容，同时也是对当时重庆地方社会政治、经济结构的一个断面的剖析。第三章则深入民生公司1925年建立之后到抗战爆发之前实际推行的制度以及初步稳定下来的组织结构，包括其员工招募制度及员工结构、员工人事升迁与奖惩规定、薪酬制度和福利待遇规定、各种会议与训练制度、膳宿制度及管理规定等，考察集团生活是如何在制度规范下形成，群的情感又是如何凝聚的，"同舟"意识是如何培养的。结合船员教育等短期运动，考察民生公司管理层如何主动采取行动协调上下、和睦群体关系，并通过对公司内其他组织的考察来讨论公司整体的劳工团结状况。第四章处理的是民生公司转折的关键时期，在抗战军兴以后，国民政府迁都重庆，重庆由一个长江上游的经济中心城市变成了全国的政治和军事中心，一方面国民政府在政策上多有变化，加强了对社会力量的动员与控制，另一方面公司内部人心浮动，而且经营受到资源短缺、兵差等严重干扰。第四章讨论的是在内外环境变化时，职工个人、公司集团、国民政府三方面分别如何行动，调整多方关系，又形成了何种结果，并在最后对民生公司战后的状况及其原因做了简要评介。最后，第五章在前面几章的基础上进行总结性的讨论。

本研究论及的年代自1925年民生公司创立起，至1945年抗战结束止，尽管民生公司在抗战结束后仍继续存在，一直坚持到1952年公私合营，但1925年到1945年才是民生公司的制度创新最多、社会影响最巨、与国家互动最为密切的阶段，也是职工、公司和国家最能"同舟"的时段，因此本研究把论述的重心放在这一时段。对于民生公司在1945年之后的状况，则放在第四章"尾声"里加以概述。

（二）材料获取

有关卢作孚及民生公司的历史资料保存较为完善，除各种卢作孚传记、年谱、文集、书信集中记载的卢作孚生平中所涉民生公司内容之外，此前已陆续公开出版的专著中也多有对民生公司原始档案的摘录可以参考。在公开出版物之外，我还尽力搜求了国家图书馆、北京大学图书馆、重庆市图书馆、北碚图书馆、重庆市档案馆、天津市档案馆所藏的各种相关文献与档案，其中尤以民生公司出版的内部半月刊《新世界》保存资料最为完整全面。《新世界》自 1932 年创刊，张从吾任主编，至 1939 年曾一度停刊，1944 年抗战胜利前夕复刊，由中国第一代社会学家、乡村建设研究的先驱者、燕京大学社会学系主任杨开道[①]任主编，一直刊行到 1947 年。[②] 本研究主要参考的是 1939 年以前张从吾编辑的部分。除《新世界》外，民生公司创刊于 1937 年的内部通讯《民生实业公司简讯》（简称《简讯》）也保留了不少公司规章制度以及日常工作、生活与人事变动的信息。

在文献材料以外，口述史材料对文献的旁证意义和延伸个案的作用已得到学界的一致认可。为了让本研究呈现更为立体、丰富的视角和真实的细节，在长航公司退管办、民生公司研究室的帮助下，自 2009 年到 2018 年间，我陆续对老民生职工及其家属共 14 人进行了多次的采访，积累了约 20 万字访谈材料。与对当今社会状况进行研究不同，本研究需要访谈的对象是抗战胜利以前曾在民生公司工作过的老职工，但他们近年来纷纷谢世，健在且又愿意接受访谈的老先生为数甚少，这让自由选择访谈对象

[①] 延请知识界人士就职于民生公司并非杨开道这一孤例，亦并非只限于战时。1933—1935 年李劼人就曾担任民生机器厂厂长（刘重来，2008；张起，2012）。战时和战后卢作孚虽然身跨政界商界，但其毕生未曾脱离教育界，因而无论是与甘南引、李劼人这样的有社会改革抱负的一代才俊，还是与留学西洋、眼界超迈的学者晏阳初、杨开道等均有交接，使延揽人才成为可能。

[②] 前后两段时期的《新世界》在作者群体和文章内容上有所不同。1932—1939 年的《新世界》可视为旨在传递公司动态、联络职业团体感情的刊物，其材料取自公司内部，围绕日常工作活动展开，供稿者也多为公司同人，更多地反映了公司内部日常工作状况和职工群体的思想面貌，正如老职工刘本祥在回忆录中所总结的，其"文章短小活泼，生动有趣，除了传达公司的业务情况外，还经常刊登卢作孚的文章和讲话内容，都是教育员工要树立服务社会、爱国奉献的思想。文字简明易懂，实实在在，没有浮言虚词，还有一部分是员工们奋发自学、修身立志、交朋结友、参观旅游集体活动等方面的报道。这些东西我读起来津津有味，很有兴趣。现在回忆起来，我的民生情结与早年常看《新世界》有很大的关系。"而 1944 年之后复刊的《新世界》，材料不限于公司内部，亦面向社会公开征集稿件，其对于"新世界"的理解亦进一步扩展，按《复刊词》中所陈，"新的世界应该有些什么呢？第一是新的发现和发明。发现了油、煤、金属及其他矿藏，优良的农业品种，有效的药物……第二是新的建设和改革。尤其是经济方面的，例如建造了铁路或港口，创立了工厂或农场……第三是新的社会运动。例如农业改良运动，合作运动，公共卫生运动"（《新世界复刊词》，1944）。主编杨开道本人也在《新世界》上发表了有关民族国家工业与现代农业发展、都市经济、世界贸易观察等方面的论述。

成为不可能的事。特别是民生公司中较为底层的船上员工，由于一生艰辛劳苦，多辞世较早，笔者至今仍未能寻访到健在者，殊为遗憾。不过，这来之不易的 15 位访谈对象也是一个颇有多样性的群体，工种覆盖了船长、经理、理货员、人事股秘书、会计、茶房、技工，工作范围从船上到岸上，甚至还包括了一名极为宝贵的女职工。他们对民生公司现代集团生活情况以及自己生平的讲述，为我们探究民生公司劳工来源、群体生活、群体感情等问题提供了极为重要的信息和佐证。其中有几位老先生彼此之间无论当年还是现在都有来往，他们提供的材料也可以互相印证；在访谈中，他们的言谈气度更是传递出整个时代的精神风貌，对文献材料中不可见的部分提供了可贵的线索（访问案例个人情况介绍请参见附录 1）。

第四节　本研究试图实现的推进

（一）就最具体的民生公司研究而言，本研究希望将社会学的视角带入进来。从研究主题上对现代集团生活这一组织形式的关注到研究策略上重视结构与行动、制度与过程的互动，都是社会学研究的独特之处。

（二）从社会史、区域史研究的角度来看，以往学界有只重视沿海的口岸城市或商业中心城市的倾向，本研究希望在一定程度上补足这个缺陷，将视野向并未直接受到外国殖民统治的内地城市进一步推进。这当然不意味着本研究要脱离时代，无视中国在现代民族国家建设中所遭遇的外来冲击，本研究的希望是，将这一影响放在更远的背景上（更多的是间接反映在国民政府的制度变化和战时重庆的经济环境变化上），从而能更集中地探讨中国本土社会自身生长出来的结构与行动逻辑。

（三）从对中国基层社会组织的研究来看，以往已有很多研究关注民国时期农村社会的重建问题，而对城市社会组织形式的研究却较为少见。民生公司在组织制度上进行的探索虽然是先行了一步，但并非后继无人，这一模式也并非如有的海外学者所认为的那样只是在革命之后才有，从而只能归于共产主义的影响。本研究力图将这一条个人－企业组织－国家的现代城市社会组织的道路剥离意识形态的影响，从人的职业角色塑造、组织机制的变迁以及现代社会发育的角度还原中国本土社会建设的实践经验，并由此增进对今天的社会组织形态发展趋势和组织制度形成之内在规则的理解。

你可以打倒帝国主义，但是你不能抵御这新的世界。

——卢作孚，1932

第二章
现代集团生活的理想：
由依赖家庭到依赖社会

帝国主义对中国的逐步入侵打开了内陆城市走向现代化之门，在带来了巨大工商业发展、社会变迁的同时也引入了西学思想。面对三千年未有之变局，接受了西学启蒙和早期社会学思想的卢作孚意识到现代化是一个不可抗拒的潮流。但他为中国的现代化谋划的道路却并非激进的政治革命，而是诉诸社会组织——改造中国人原有的双重集团生活，在现代企业集团中去建设人人为我、我为人人的现代集团生活，将中国人对家庭的依赖转变为对社会的依赖。

第一节　冲击与反应：新世界　新思想

1893 年，民生公司的主要创始人卢作孚出生在四川嘉陵江畔的一个小城——合川。合川县城位于重庆以北，涪江、渠江在此汇入嘉陵江，故称合川，这里也是川北诸县到重庆必经的水陆码头。清代以来，重庆因其交通之便，成为长江上游重要的商业和货物集散中心，"渝州三江总汇，水陆冲衢，商贾云集，百物荟萃"（王笛，2001：254）。1890 年，败在外国殖民者坚船利炮之下的清政府与英国签订中英《烟台条约续增专条》，承认"重庆即准作为通商口岸"。一年以后，重庆正式开埠。甲午战后，日本更进一步通过《马关条约》取得了"从湖北宜昌溯长江以至四川重庆府可以通轮，附搭行李"的特权，获准染指长江内河航运。此后英、德等列强也先后派船在川江^①试航，开始了对川江航权的侵夺（参见凌耀伦，1990：3—5）。

虽然四川偏处内陆，但在外来殖民势力的不断冲击之下也掀起了变革的波澜：一方面，列强对路权、航权的侵夺激起了四川各界民众的爱国热忱，华商开始开办轮船公司与之竞争（参见凌耀伦，1990：5）；另一方面，客观上随着重庆开埠，重庆在1890年代城市化发展速度超越成都，成为长江上游地区内外贸易的中心，洋货输入西南的转口地（参见王笛，2001：263），西方现代工业文明随着各种洋行、洋货也加速溯江西上，与工商社会相伴随的现代理念在内地传播开来，各地兴起的近代学堂也成了开风气、推新学的阵地^②。

作为一个小商贩的儿子，家境贫寒的卢作孚小学毕业即辍学，不得已去往成都开始了半工半读的生涯。根据其三弟卢尔勤的回忆，当年这个勤奋的少年喜欢研习国内外进步的社会科学和自然科学理论，他陆续接触了"卢梭的《民约论》、达尔文的《进化论》、赫胥黎的《天演论》等名著，以及孙中山先生的民主革命学说"（卢国纪，2003：14）。他曾先后担任中学教师、《四川群报》记者兼编辑，五四运动前后，还曾经接替李劼人担任《川报》社长兼总编辑，传播新文化运动精神（参见凌耀伦，1990：11）。

接受了西学启蒙的卢作孚敏锐地认识到了这新世界的来临。事实上，不只是卢作孚，自晚清以来的所有中国知识分子都不得不痛苦地面对一个事实——以中国为天下的时代一去不返，中国不能再关起门来做它与世无争的安详天国，用卢作孚的话说，"我们今天所处的世界，不是向来的世界，是变化得非常之利害的世界"（卢作孚，1999：201），在他看来，是科学的迅速进步促成了生产迅速发展，产生了"伟大的事业"，同时，"在社会上便产生了一种伟大的组织，从经济方面说：这伟大的组织，几已成为整个的世界，而这世界是同地球一样大的"（卢作孚，1999：202）。生产的大社会化向社会结构提出了新的要求，必须要有适应急速变化的生产方式

---

① 川江是指从四川省宜宾市至湖北省宜昌市之间的长江上游河段。

② 根据王笛的统计，20世纪初四川省设立学堂的数量、学生的数量和学校的规模与同期其他省份相比都名列前茅，详参王笛，2001：505—507。

的新型社会组织，"要创造或运用现代的物质文明，便要创造或运用现代的社会组织"（卢作孚，1999：330），必须要将原来自给自足的经济组织形式改为更大规模的组织，建立一个"群的生活的新世界"，"向来我们的世界，各管各是最经济的事情；而今这一世界，要集中最大的人群于最大的工厂，最大的农场，最大的矿坑和最长的交通机关才最经济。向来的世界，只须人各为其自己；而今必须要整个社会的人相为，而且是要在整个的组织、整个的系统之下活动的"。在接受了社会进化论的卢作孚看来，在全球各个民族国家竞相发展的背景之下，这个转变的洪流不可抵挡、不可逃避、急迫非常："须知这新的世界是一种趋势，正向着整个的社会乃至整个地球推进。它不能停顿，你也不能抵御，你可以打倒帝国主义，但是你不能抵御这新的世界。"（卢作孚，1999：202—203）

第二节 何为社会？如何改造社会？

新世界已经来临，那么中国将面临什么样的命运？卢作孚看待这个问题的态度是积极的，他眼里的"群的生活的世界"是可为的，用社会学的学科语言来说，他相信行动可以对结构产生影响，互相依赖和信任的社会关系可以人为地创造出来："这新的世界已经在地球上有各种花样的实现，已经在我们周围有各种的方式压迫，我们已抵御不得，逃避不得……只有下大决心，挟大勇气，从我们手上去创造它，创造出一种社会的关系，创造出一种有组织的社会的关系，创造出一种互相信赖的社会关系，创造出一种社会帮助我们，我们帮助社会，社会离不了我们，我们离不了社会的关系。"（卢作孚，1999：203）

谈建立社会的关系，首先要问，什么是社会？从已有研究文献可知，青年卢作孚对新兴的社会科学十分留意，在加入少年中国学会时，更是结识了有志于社会学学术研究的邓中夏、恽代英、李劫人等人（张起，2012；赵晓铃，2002）。从卢作孚文集中所引用的资料来看，他对西方学者关于社会的学说并不陌生。

甚么是社会呢？有一派社会学家说：社会是一个共同生活关系的群体。另一派社会学家说：社会是一个存在于相互压迫上的东西。例如社会上兴男女各有一种装饰，如果你要故意去破坏它，你就马上要受社会的压迫；不一定是直接的、严厉的惩罚，单是讥笑你就受不了。（卢作孚，1999：211）

在另一处更为详尽的引用文字中，不难发现，这"另一派社会学家"便是强调社会规范之强制性的涂尔干。

有人说共同生活即是社会，这意义不很明了。一位研究社会学方法者说："社会是存在于相互压迫的关系上，而为人们所不能反抗的。"这在平常成了习惯，顺应社会的时候，自不易察觉社会给予我们的是压迫力量。例如中国以前的习惯是男子长服，女子短服，假使有男子着了女服，社会上立马可以给予他一种压迫——不是干涉，即是嘲笑。又如以前留学生到欧美，不能留长辫，而回到中国，又必须饰以假发。这都是社会给予压迫，迫使如此。一个人如果有不合于社会规定的行动，其受压到最难堪时，可以到自杀的程度（卢作孚，1999：308）。

不过，卢作孚却不认同社会对人是绝对的强制，他要"把它解释得积极一点"，"说社会是一个存在于相互影响上的东西"（卢作孚，1999：211）。"人与人之间，不仅仅是相互压迫，还有相互影响的力量。个人行动，每每可以影响到群众里去。每逢剧演到忠臣孝子悲苦壮烈的情形，每每可使观者落泪。作战的军队，某一个士兵挺身前进，全队的士气为之一振。这都可以证明是影响的力量所致。"（卢作孚，1999：308—309）从压迫到影响，表面上看是程度的变化，实际上出现了一个微妙的方向翻转，一方面社会对于人并非绝对的强制，一方面正因为可以相互影响，人的行动才能通过彼此影响带来社会组织的改变，人也就可以发挥其能动的力量以改造社会。卢作孚对人的行动与社会结构之关系的辩证思考也是日后这位行动家进行社会试验的思想基础："人不是为己的，人是为社会的。如果

社会要求的是对的，我们就要遵从它；如果社会要求的是不对的，我们就要努力把它改造过。"（卢作孚，1999：212）

1920 年年底，川军第 2 军第 9 师师长杨森任四川泸永镇守使、永宁道尹，他在川南泸州提出建设"新川南"的口号。杨森赞赏卢作孚"为人谙练有识，劲气内敛"，聘其进入道尹公署任教育科长（张守广，2002：14）。从此，卢作孚有了将其识见和主张付诸实践的舞台，他在这里开始了新教育试验：创办通俗教育会，开展民众教育，开办图书馆，送书下乡，实行男女同校，开展卫生运动①（参见卢国纪，2002：37—38）。卢作孚在十余年后曾道出当年在川南工作时寄望教育、盼望春风化雨的心情。

> 民国十一年在川南工作时，曾邀一个川外人来演讲，他说："请大家认识我，我是一颗炸弹。"我解释说："炸弹力量小，不足以完全毁灭对方；你应当是微生物，微生物的力量才特别大，才使人无法抵抗。"看见的不是力量，看不见的才是力量。（卢作孚，1999/1938：486）

在这段话后面，卢作孚引用了柏格森著名的"绵延"概念，为自己倡导的微生物式的改造力量背书："世界哲学家柏格森曾说：'今天的人，不是昨天的人，今天的细胞不知有若干变化，不过当时没有认识，十年后才知道。它的变化，是绵绵不断的，这才是伟大的力量'。这力量，能把宇宙变了，何况人的行动！"（卢作孚，1999：486）由此可见，就社会改造的手段而言，卢作孚钟情于渐进式的改良而非暴烈的革命，有学者将卢作孚毕生的主张分为早年的教育救国论和后来的实业救国论，其实从重视建设而非革命、主张渐变而非突变这一点来说，卢作孚前后的思想是具有一致性的。

在公开出版的卢作孚的文字中，我们可以看出他对社会进行渐变改革

---

① 现代性中有关卫生与身体的议题近年来始得到学界的关注，其实早在严复倡导的"民力、民智、民德"中，排在首位的便是练民筋骸，鼓民血气："一国富强之效，以其民之手足体力为之基。"（严复，2007/1865：10）有论者指出，20 世纪民族主义的身体改造运动经历了军国民运动、新文化运动、公民教育运动，延至新生活运动，长达三十余年（参见黄金鳞，2006：20—21）。卢作孚对卫生与身体的强调也可视为时代潮流之体现，后文中对此还会有所交代。

的主张受到了严复的影响。这里可以他发表于 1916 年 9 月 17 日、18 日《四川群报》上的《各省教育厅之设立》一文为例。

> 惟吾亦留心教育之一人，且始终认为教育为救国不二之法门，以谓立国家于法治，而缘实业致富，军备致强，民智民德，顾乃卑下。民意民力，尤复薄弱，不由教育以扶持，长养之徒云，法治犹无物也，富强之效，亦如捕风。（卢作孚，1999：4）

文中提到教育是扶持民智民德、长养民意民力的基础，而这里所谓的"民智、民德、民力"正是严复所提出的"一种之所以强，一群之所以立"的三个基本方面。严复发表于 1895 年的《原强》有云："盖生民之大要三，而强弱存亡莫不视此：一曰血气体力之强，二曰聪明智虑之强，三曰德行仁义之强。是以西洋观化言治之家，莫不以民力、民智、民德三者断民种之高下。"而严复也同意，鼓民力、开民智、新民德是比推行政治变革更为根本的强国途径："顾彼民之能自治而自由者，皆其力、其智、其德诚优者也。是以今日要政，统于三端：一曰鼓民力，二曰开民智，三曰新民德。"（严复，2007 /1895）不难看出，此一时期身在知识界的卢作孚十分熟悉且认同严复所倡导的从教育入手、以渐变代替革命的主张。在同一篇文章中，他还直接引用了一段严复译的《天演论》来服务于他的教育说："赫胥黎氏论天演曰：'治人之人，固赋于治于人者也。凶狡之民，不得廉公之利，偷懦之众，不兴神武之君，故欲郅治之降，必于民力、民智、民德三者之中，求其本也。'又曰：'智仁勇之民兴，而有以为群力群策之资，而后其国乃一富而不可贫，一强而不可弱也。'"（卢作孚，1999：2—3）卢作孚还在这段引语后面指出，不仅良善的政治需要教育的扶持，"社会上凡百事业，孰非以教育培之根底者"。事实上从卢作孚后半生推行职业教育的实践也可以看出，实业救国和教育新民是并行不悖的。他毕生都重视人的训练，只不过后来在民生公司的员工训练除了读书之外，更多了从实践中学习、从经验中整理的一面。而且在他看来，人的训练是为群的建设服务的，职工受教育其根本目的不是为个人的兴趣和技能的进步，而应是为"社会与事业的成功"（卢作孚，1999：220）。他在一次访谈中提到，"所读的书也要在职业问题上，是想对整个社会有贡献的，能帮助大多数发展的，而不是无聊的消遣，我们不是为着个人生活，而认定是一种社会生活"（俞治成，1934）。因此，人的训练里至为重要的一点便是群的能力与群的道德的训练。"现在好多青年忙着为自己找出路，我却盼望一群青年能为社会找出路，因为他们的生活整个都是社会的，有一个在民生公司服务的青年曾问我关于他个人的修养，我答复他只有社会的修养。因为你的工作是和民生公司的朋友共同工作，你读书是和民生公司的朋友共同读书，你运动游戏也是和民生公司的朋友在一起的，这许多都是你的修养，也都是社会的修养。中国人并不缺乏个人的修养，只缺乏全社会的修养，所以这是我们对于青年唯一的要求，仅有不同的事业，但只有一样的态度！"（俞治成，1934）说到底，人的训练是与建设中国并提的，"建设中国只有这一条路"，扶持民智民德、长养民意民力是围绕事业建设、社会建设、国家建设最根本的工作，我们可以说，卢作孚是在用毕生的实践来与严复的主张相呼应。

1922年夏天，因四川军阀混战，局势动荡，卢作孚被迫辞职离开泸州后踏上了江浙考察之旅。这次考察应该是卢作孚首次近距离地了解现代企业，似可看出他已对发展实业产生兴趣。他在黄炎培的安排下参观了中华职业教育社、中华职业学校、商务印书馆及印刷厂，以后又在上海商会的介绍下参观了电力厂、锯木厂、造船厂、纺织厂等（卢国纪，2002）。值得一提的是，这次江浙之行中卢作孚还特意前往南通，参观了张謇兴办的一系列近代事业，并得以与这位状元实业家进行晤谈。数年后，卢作孚回忆说，张謇表示经营事业很难，因为"人才缺乏，人都没有旧道德，人都有我见"，而作为新一代精英，卢作孚并不认同意张謇将兴盛事业的希望寄托于旧道德之上："我的意见则不同：1. 旧道德不适用。因为旧道德只是消极的告诉一个人怎样去做一个好人。我们要建立一种积极的新道德来，指示群体去做好人。2. 中国人都没有我见①"（卢作孚，1932；转引自张守广，

---

① 卢作孚认为中国人同世界上其他民族一样，都没有自私于个人的，只是自私于家庭或亲戚邻里朋友的小集团，因此表面上个人的要求其实代表着两重社会的要求，从这个意义上说，可以说中国人没有纯粹的我见。

2002：19）。

　　这里所谓的"积极的新道德"，正是群的道德。道德条件总是与一定的社会组织结构相适应的，在卢作孚看来，中国最大的问题不仅是政治的问题，不是"某甲或某乙的问题"，乃是整个社会组织的问题。① 而整个社会组织改变的方向，便是建立"现代集团生活"，尤其是在现代实业中以职业团结为基础进行组织建设。卢作孚回川后，积极在民生公司进行其现代集团生活的试验，便是将政治的问题在社会组织上求解，将职业团体建设作为培育社会"群力"的突破口，从而为整个民族国家的现代转型提供出路。从这个意义上看，卢作孚是极具社会学意识的社会改革家。正如涂尔干在面对法国社会革命不断、社会解体的"失范"危机时所提出的方案所言，当基于社会分工的职业群体得到发展，社会结构便可以落脚于职业群体之上。"让民主政治落实在一种既能够有效地组织经济生活，也能够充分地代表公共政治诉求的环节上，便成为了重建社会的基本路径"。正是自成一类的"社会"的发育为现代政治落脚在职业伦理和公共道德上提供了一个支撑点（渠敬东，2014）。卢作孚亦指出，正是社会的建设为国家的救亡提供了根本的保障。"中国的根本办法是建国不是救亡。是需要建设成功一个现代的国家，使自有不亡的保障。是要从国防上建设现代的海陆空军；从交通上建设现代的铁路、汽车路、轮船、飞机、电报、电话；从产业上建设现代的矿山、工厂、农场；从文化上建设现代的科学研究机关，社会教育机关和学校。这些建设事业都是国家的根本，然而现代的集团生活没有建设成功以前，是不容易看见上面那许多建设事业的"（卢作孚，1935a）。

　　值得一提的是，卢作孚于1922年主持川南教育时加入了李大钊等人创立的"少年中国学会"。少年中国学会之宗旨便是"本科学的精神，为社会的运动，以创造'少年中国'"，其信条是"奋斗、实践、坚韧、简朴"。1922年卢作孚由恽代英等5人介绍入会之事明确见载于少年中国学会主办的会刊《少年中国》1922年第3卷第7期之上（刘重来，2016）。1925年，

---

① 1931年卢作孚与友人游历东北，考察日本以满铁会社为中心对满蒙地区的经营，在对日本经营之规模宏大、进展迅速感到"动魄心惊"的同时，亦对比自己经营事业的经验，进一步加深了对中国人"优于个人奋斗，缺乏组织能力"的忧虑（卢作孚等，2013）。

少年中国学会曾向会员发出了一份调查问卷，内有"对于目前内忧外患交迫的中国究竟抱何种主义"一栏，卢作孚在这一栏中写道："1. 彻底的改革教育，以'青年的行为'为教育中心。2. 以教育方法训练民众，为种种组织、种种经营，以改革政治，绝不利用已成之一部分势力推倒他一部分势力，但谋所以全融化之或全消灭之。3. 以政治手腕逐渐限制资本之盈利及产业之继承，并提高工作之待遇，减少其时间，增加工作之人，直到凡人皆必工作而后已。"根据刘重来（2007）的考察，卢作孚填写此表时民生公司已成立。作为一家企业的经营者，卢作孚却明确提出要限制资本盈利、提高职工待遇。而实现这一目标的手段最终落脚在教育，尤其是青年教育之上。这也正是卢作孚后来在民生公司职业团体建设中始终灌注职业教育与国民教育之根本原因。

第三节　改变的方向：以现代集团生活培育群力

"集团"一词在民国时期已进入汉语。搜寻民国时期报纸杂志刊发的文章，可见当时"集团"大致有如下两种含义：（1）指有实体建构的具体组织，如"经济集团（economic bloc）"（纬，1933），有时含有贬义，如"东北叛逆集团"则有小集团的意味。（2）泛指集体、群体、组织，例如"革命的集团"（白桦，1933）、"集团结婚"。在此基础上可引申出"集团主义"（何公超，1929）。

在这样的语言背景之下，卢作孚所提的"集团"的含义（1）、（2）两层意思兼而有之，他有时候谈比较具体的学术的集团、经济的集团、家庭集团，有时候也比较抽象地讨论"集团的精神"、"集团生活"。

他建设现代集团生活的纲领性文章《建设中国的困难及其必循的道路》1934 年连载于《大公报》，卢作孚在其中专门阐述了集团生活转变的必要性和现代集团生活的特点。集团生活之所以重要，是因为无论什么时代，无论社会生活包含什么范围，集团生活都是"社会生活的核心"。因为所谓社会毕竟是一种抽象架构，是一种"想象的共同体"（渠敬东，1999），"在中国来看，所谓社会，还待解释。现在所谓社会，从世界一直到一个国家一省甚至到一种事业，都可称之为社会。然而社会生活的核心，是集团生活"（卢作孚，1999：382）。与抽象、普泛的社会不同，集团是具体的存在，集团生活是可感的、具体的实践，是支配人们行动的主要动力。根据卢作孚的分析，"集团生活是以三种因素表现在社会上的：第一是整个生活之相互依赖，而不是仅仅生活之某点所需；第二是集团间之悬为标准相互争夺或相互比赛；第三是因维持前两项的集团关系，有强有力的规定人们行动的道德条件"（卢作孚，1999：320—321）。

与费孝通等人的判断所不同的是，卢作孚并不否认中国社会一直以来就有集团的生活，他认为集团生活自古以来就是社会生活的核心，家庭、亲戚邻里朋友为中国人生活其中的最基本的两重集团。"中国人几千年到现在，是与其他任何民族一样没有离开集团生活的，惟集团之方式不同耳。中国人的集团生活，第一个就是家庭，家庭生活是永远相互依赖。要不是你依赖着家庭，即是家庭要依赖着你，绝对不容许脱离或解散的。有重重叠叠的道德条件，严格的限制着，以致人们不能不忠实努力于家庭"（卢作孚，1935a）。在家庭之外，所谓第二重的集团生活，就存在于亲戚、邻里、朋友这个扩大的应酬的集团之中（参见卢作孚，1999：318—323），它实际是家庭集团的拓展，同样也遵循特殊主义的原则。

卢作孚对中国人的"两重集团生活"的判断得到了梁漱溟的共鸣，梁漱溟在《中国文化要义》里肯定家族是中国人社会生活的重心，称卢作孚"言之深切善巧"，并将其列为中国文化的第七大特征（梁漱溟，2005：16）。

费孝通等人认为中国人的生活是以"己"为中心的可伸缩的社会网络，一个人为了自己可以牺牲家。但卢作孚却认为中国人常常惯于克己，为了家庭而牺牲自己，他对中国人之依赖家庭、受家庭利益支配、为家庭牺牲有一段精彩的写照："家庭生活是这样以整个社会的关系包围了你，你万万不能摆脱。你为了家庭可以披星戴月，可以手胼足胝，可以蝇营狗苟，可以贪赃枉法，可以鼠窃狗偷，可以杀人越货。你为了家庭可以牺牲了家庭以外的一切，亦可以牺牲了你自己。家庭生活的依赖关系是这样强有力，有了它常常可以破坏其他的社会关系，至少是中间一层障壁。"（卢作孚，1999：317—318）

　　换言之，卢作孚并不认为中国人缺乏集团生活的习惯和自我牺牲以为集团的精神，甚至将其看作一种值得传承的美德。在对中国人是否自私这个问题上，卢作孚的看法明显不同于他的多年好友、同是从事乡村建设的晏阳初。晏阳初曾根据平教会的定县调查，总结出中国农村最基本的问题就是"愚"、"穷"、"弱"、"私"。所谓"私"即指中国多数人民不能团结、不能合作、缺乏道德陶冶和公民训练（苟翠屏，2005），但卢作孚并不同意对中国人的道德做这种根本性的判断。他在 1935 年发表《中国人并不自私自利，只看社会的影响如何》一文，针对毕启（成都华西协和大学校长，美国人）演讲中提到的中国人自私自利的弱点，表示并不苟同，他提出中国人并不自私自利，一切只看社会的影响如何。同年年底，在张伯苓等人朝会演讲之后的致谢词中，卢作孚进一步阐发了他对所谓"中国人自私自利心理"的看法和处理办法，他首先否认中国人缺乏利他意识的说法，指出中国人具有为父母、亲戚、邻里、朋友付出的特殊主义的利他传统："人都说中国人自私自利的心太强，这句话我不赞成，中国任何一个人都不是在为自己，而逐处都是在为社会，不过他们努力的那种社会，是由父族母族间所发生的亲戚关系，由个人间所发生的朋友关系，由家庭间所发生的邻里关系，因为有这三重关系，所以就形成了亲戚、邻里朋友的一个社会，一般人对这个社会，非常之忠实，为了这个社会的要求，不断努力，而且可以作奸犯科，可以不顾生命，因此在他们有危难的时候，也只能够得到亲戚邻里朋友的帮助……一般人送子弟受教育，也就是为了要改换门庭，增加亲戚邻里朋友的幸福，受教育的子女，也就是为了要满足亲戚邻里朋友的欲望，达到他们的要求。"卢作孚提出，我们的工作正是要塑造"人人为我，我为人人"的事业集团，使人们能以职业身份立身，摆脱对先赋的血缘、地缘关系之依赖，化这种局部的、特殊主义的"社会"观念为普遍主义的社会观念，"我认为中国人并不自私自利，我想只要是人，他都有社会的观念，而且很忠实于社会，不过要看他忠实的那种社会是否为我们现在所要求的社会罢了，我们盼望今后的人，又把旧的社会观念扩大起来，变成现有的社会观念，把亲戚邻里朋友的观念，改变成为川康银行，美丰银行，民生公司等事业的观念，要想使一般人对于社会的观念改变过来，我们就必得使他们得到社会的帮助，使他们的生命寄托于社会的事业上，社会为之设立学校，供给他们的知识，社会为之设立医院，为他们解除疾病的痛苦，社会为他们找寻工作，为他们解除生活上的问题，他们的一切问题都让社会来解决，那么他们的脑海中当然也只有社会的观念、事业的观念了，所以我们今天不只是为事业努力的各个朋友们本身的问题而已，我们今后更要设法去解决他们本身以外的问题，如家属职业的问题，子女教育的问题，乃至于卫生设备等问题。"（卢作孚，1935a）

以民生公司为例，卢作孚曾在永年轮上看到因为客人多，船员们都将寝室让给客人住，分文不取，他借此说明："某种社会产生了之后，无论何人都能牺牲自己利益。中国人确实富有牺牲个人的精神，何尝自私自利？不过方法和地方未加选择而已！"从这个意义上说，卢作孚虽然要着力以新的集团生活方式取代原来家庭至上的生活方式，但对国人传统的家族主义中所表现出的集体主义倾向是持肯定态度的，认为集体主义是值得保留甚至发扬的美德。

不过，中国人素来的集团生活亟待在时事的迫切要求下进行现代的进化。所谓现代的进化，"直可以说是集团组织的进化——逐渐扩大，在未来应得是整个世界，在现代至少是整个的国家"。①因为"各方面都压迫起来了"，因此"不能不把以前做寿、送丧、娶妻、嫁女而牺牲的精神，转移到另一个新的方向，造成一个新的社会"（卢作孚，1999/1935：373—375）。要想复兴中国，"只有这一条道路，只有运用中国人比世界上任何文明民族更能抑制自己、牺牲自己，以为集团的精神，建设现代的集团生活，以完成现代的物质文明和社会组织的一个国家，才可以屹立在世界上"（卢作孚，1999：325、345）。

这个转变包括何种内容，又如何促成其发生呢？在卢作孚的设计中，

---

① 卢作孚所指的现代集团生活可以有多种样式，包括"职业的——在政治事业里、经济事业里或社会事业里；学术的——在学术集团里、学校或公共图书馆里；游戏的——在球队里、音乐会里或电影院里"（卢作孚，1999：331）。以国家为建设集团生活的目标可以看作具有民族主义思想的卢作孚建设现代集团生活的最高理想，这个理想也始终贯穿在他在民生公司实际开展的现代集团生活试验中。将集团生活的界限扩大到什么范围，是民生公司一直试图回答的问题，这也是后文讨论生发的关键点。

"新的集团生活，不得不转变其原有的集团组织；不得不降低原有的家庭相互依赖和亲戚邻里朋友间相互依赖的关系，而产生适应现代生活的新的相互依赖关系；不得不看轻原有家庭的和亲戚邻里朋友间的比赛标准，而提倡新的比赛标准；不得不减少原有家庭和亲戚邻里朋友间的道德条件，而增加新的道德条件"（卢作孚，1999：323）。

从卢作孚实际着手的工作来看，1924 年 2 月至 1925 年 7 月，他在杨森的支持下在成都兴办了通俗教育馆，日后他将其称为 "创造集团生活的第一个试验"："几乎凡在成都有一技之长的朋友，都被我们集中了，常常在集合他们开会，集合他们工作，集合他们表演。这是一个集团生活的试验，亦是一个集团生活的运动。"但因为杨森在军阀斗争中旋而下台，通俗教育馆的试验也被迫中断。依托于政治的社会改革试验屡屡遭遇挫折，令卢作孚产生了 "纷乱的政治不可凭依" 之感，"事业是寄托在政治上，不能造起生活的相互依赖关系；又因为时间短促，只有一年又半，未见得确立了新的道德条件"（卢作孚，1999/1934：335）。根据其弟卢尔勤的回忆，卢作孚认为在纷乱的政治局面下，依靠军人办文化教育事业易发生动摇，建立不起稳固的基础，"每是随军事成败而人与事皆共浮沉，这是一个教训。为了国强民富，今后应走什么道路值得研究"。他感到要考虑一项既有关国计民生，又有发展前途的事业，应该是从发展经济入手，由此开始萌生创办实业的设想（转引自张守广，2002：25）。仔细体会卢作孚的原话，他所期待的是不寄托于政治而 "造起生活的相互依赖关系"，事实上，前述的成都通俗教育馆的实验之所以半途而废，也因为它并没有建起一个真正自足的 "生活共同体"，我们可由此发现，卢作孚在现实和挫折面前已经体察到，就共同体的建设而言，"生活" 是一个比纷繁的政治更为关键的独立因素。因此，为了有能力从纷乱的政治中分离出来，依靠团体内部的相互依赖关系，需要独立于政治去创造更大的局面——建设自己的企业集团，从而围绕其建立一个真正的生活共同体，造起生活的相互依赖。

卢作孚已经预料到，由于中国人缺乏家庭之外的合作经验，创立现代的建设事业其困难也并不比建设新的集团生活更容易，"向来中国人的经济生活以家庭为中心。没有两打伙的农业，亦没长期几打伙的工业或商业。

一般朋友颇能尽心竭力于其家庭的经济生活，因为只有家庭是他们的经济集团，是他们的生活所依赖着的；向来是没有社会经济集团的，所以无从尽心竭力于社会，而今经济组织随着科学发明扩大了，经济集团已经变成了社会的，须合社会的人力和财力乃能够经营起一桩经济事业来——这社会之大是一个国家或一个地方或一个公司，而一个公司之大往往是铺设到了许多国家或许多地方的"（卢作孚，1999：202）。阻碍新的建设事业的，也正是阻碍着新的集团生活建设的旧有的集团生活的道德，也即"亲戚邻里朋友间彼此相为"，但是新的建设事业和新的集团生活建设这两项工作却都万万不能等待，那么究竟是先转变经济组织的形式，还是改变社会组织方式？卢作孚给出的答案是两项工作必须一起做。一方面，基于此前第一次集团生活试验的教训，他希望试验能有稳固的根基，不能再依赖他人财力；另一方面，卢作孚将社会组织的维度视为一个社会进步与否最关键的维度，"集团生活没有改变不能学现代"，建设新的集团生活是建设事业的成功的基础和根本意义所在。这两者无须分先后，它们根本是一回事。"一切新的建设事业的困难，都只在建设新的集团生活一点上"，这是"着手第一关"（卢作孚，1999：344）。

继成都通俗教育馆和重庆北碚的乡村建设之后，民生公司明确地被卢作孚视为他创造集团生活的第三个试验场（卢作孚，1999：333—341）。他为民生公司里相互依赖的集团生活画下了蓝图：

> 从轮船上的茶房水手起，从工厂的小工起，以至于各级职员工人，无一个不为事业努力。他们之在公司中是一群工作的分子，不是一群亲戚邻里朋友；他们之到公司都是凭自己的能力，不是家庭和亲戚邻里朋友的关系。事业之要求他们努力强于他们家庭和亲戚邻里朋友的要求。一方面促起他们都知道事业前途的希望，另一方面促起他们都关怀事业周围的困难和危险。是要以团体的工作，团体的讲学，团体的娱乐乃至于一切生活包围了他们，一直到他们的家庭。如何努力解决事业的问题，这是事业上的一群人非常恳切地要求于每个人的。至于每个人最迫切的家庭生活问题，则由事业上帮助他们解决，只须他

们依赖事业，不须依赖他们的亲戚邻里朋友，这是我们正用全力预备的。

我们的预备是每个人可以依赖着事业工作到老，不至于有职业的恐慌；如其老到不能工作了，则退休后有养老金；任何时间死亡有抚恤金。公司要决定住宅区域，无论无家庭的、有家庭的职工，都可以住居。里面是要有美丽的花园、简单而艺术的家具，有小学校，有医院，有运动场，有电影院和戏园，有图书馆和博物馆，有极周到的消费品的供给，有极良好的公共秩序和公共习惯。凡你需要享用的，都不需要你自己积聚甚多的财富去设置；凡你的将来和你儿女的将来，都不需要你自己积聚甚多的财富去预备；亦不需要你的家庭帮助你，更不需要你的亲戚邻里朋友帮助你，只需要你替你所在的社会努力地积聚财富，这一个社会是会尽量地从各方面帮助你的，凡你有所需要，它都会供给你的。（卢作孚，1999/1934：339—340）

这样看起来，民生公司正如同涂尔干笔下亟待复兴的法人团体，"群体不只是规定其成员生活的一种道德权威，它更是生活本身的源泉"（涂尔干，2000：38）。大家围绕着事业形成一个互相依赖的集团，人人为我，我为人人，不再需要依赖私人的家庭和亲朋网络；公司就是员工的家，为他们提供安身立命的职业、共同生活的空间和心理认同的家园。这种为公司的事业负责并从公司获得生活源泉和希望的团体生活，便是人与社会发生联结、社会之群力得以培育的基础。在下面的一章里，我们就通过真实的历史实践来看看，民生公司是否真如这位社会园艺家所说，形成了每个人相互依赖的共同体。

同舟则共济，故共同之观念身中较陆上为强。上自船长，下迄水手，其骨肉亲戚之感，非陆上军队比也。众人共托命于一船，故相互之关系至密切。能互相信而相许以身，而又献身牺牲之精神乃益显。

——《同舟》，1932

第三章
民生公司早期的现代集团生活：
相互依赖的生活共同体

按照卢作孚的设想，要改变一向的集团生活，不能不有现代的集团组织。而"分析起来，不能不有现代的相互依赖关系，不能不有现代的比赛标准，不能不有现代的道德条件"（卢作孚，1999：325）。卢作孚在许多场合对现代集团生活的这三个要素做了阐发，民生公司早期的结构与制度建设也都是围绕这三个要素展开的。这三个要素中除去第二个现代的比赛标准主要是就竞争与效率原则而言，相互依赖关系和现代集团的道德都直接指向现代集团中群的建设。

第一节　建设现代的相互依赖关系

如上所述，卢作孚创建民生公司，正是致力于建造一个可以自足的生活共同体，打破中国人习惯的对家庭、对亲戚邻里朋友的依赖，人人为集团服务，人人所需的一切由集团提供，将对私人关系的依附转到对公的集团的依赖上来，换句话说，是要用现代的作为集团成员的身份来代替个体的特殊的身份，用普遍主义的原则来更新传统的特殊主义的原则，用事本主义来取代人本主义。因此，就民生公司的组织结构和制度而言，它势必应该包含现代的理性、平等的要素。我们首先从民生公司的组织系统谈起。

（一）科层化的公司组织系统

相互依赖首先是在分工的基础上的。有了分工才会产生合作与依赖，而分工的产生离不开规模的发展。民生公司成立之初还只是在嘉陵江上短途行船，并未进入长江干流，到1930年，在经历了"化零为整"运动、统一川江华轮之后才有了迅速的发展，公司职工数目也由1930年的百余人骤增到1931年的518人（凌耀伦，1990：103）。根据公司总务处襄理、人事股主任甘南引1934年的统计，1933年民生公司职工数量已达1911人（甘南引，1934a），1939年更暴增至7493人（凌耀伦，1990：255）。随着业务的扩展与公司规模的扩大，民生公司组织结构也在1930年代初有了较大的调整，1933年初步定下了"总、船、业、会"四个处的组织格局，即总经理之下设立总务处、船务处、业务处（原运输处）、会计处。总务处主管人事、物料供应、文书、编辑、服务卫生与修建等事项；船务处主管船舶制造、修理、调遣、燃料供应及港务等事项；业务处主管客货运输营业等事项；会计处主管全部收支、预算决算等事项。每处负责人称主任、副主任。股下分组，组内设办事员、助理员、练习生（凌耀伦，1990：103）。此后各处下面设置的股又根据具体工作的需要进行过一些灵活的调整和扩充。接受笔者访问的年龄最长的老民生职工陈代禄①证实了这一点。

　　四大处嘛，总务，船务，会计，我进去叫运输处，后头叫业务处，后来看来运输不能说明我们的经营范围（改为业务处）——总、船、业、会。总务处那阵还不完善，（19）32年进去的时候没得人事股，只有个文书股，庶务股都没有正式成立，更没有物品股，那阵喊成庶务

---

① 陈代禄，又名陈代六，1932年经招考练习生进入民生公司，1939年离开民生加入美丰银行。他是笔者调研期间可以寻访到的民生公司职工中进入公司最早的。其他案例的具体信息详见附录1。

股，就是管清洁工、茶房，搞伙食这些。我进去的时候，人事股没得，没得人管人事，就是文书股带着搞一下（陈代禄，2010021101）。

到抗战爆发前夕，民生公司经过几次组织结构调整，已经是一个部门高度分化、分工明确又高度协作的现代企业，表现出理性化、科层化①的现代特征。民主人士罗隆基曾比较民生公司与政府的组织结构，"民生公司，在总经理以下分五处，各处又分若干股，直接办起事来，总经理能于每星期主干会议中，与各处经襄理共同议事"（罗隆基，2016/1935）。在他看来，相比于政府层级过于复杂、"不容易声气相同"的问题，民生公司相对扁平的组织结构较为合理，也便于召集会议及时议事沟通。公司具体组织系统图参见图 3-1。

民生公司按照现代企业的科层制度进行管理，因此在一切事务安排上，力求杜绝裙带关系的牵扯、一切"以事业为中心"便成了题中应有之义。不但组织架构是因事设岗、灵活变通；在人员任用上，唯求职位需要、能力胜任，努力打破任人唯亲的常规。从卢作孚与友人的通信来看，民生公司至迟于 1928 年初已开始采用考试制度选拔人才（参见黄立人，2003：38）。在访谈中，民生公司著名的"低级人才过考，高级人才过找"的用人制度常常为受访老职工津津乐道。在笔者访问的 13 名老民生职工中，有 3 位系工人，进民生未经考试。其余 10 名职员中，交通大学毕业生刘本祥直接由民生公司到大学招聘过来，李少亭系从英国太古公司挖过来的理货经理，正是"高级人才过找"，而剩下的 8 名全都经过了考试才进入民生公

---

① 按照韦伯的科层制理论，科层制的特点包括：（1）对管辖权的范围予以清晰的划分；（2）公司的组织遵循等级制原则；（3）有特意建立起的一般规则体系，以指导和控制职员的决策和行为；（4）"生产或管理的手段"都归属于公司，而不是公司的所有者，且不能被滥用；（5）在技术资格的基础上挑选职员（和具体的个体无关）和指派职位（而不是选举产生），并发给薪水；（6）组织的雇员制度为职员建构起职业（Weber，1968，转引自斯格特，2002：42—43）。1945 年卢作孚曾专门著文谈工商管理，有对科层制的精辟描述，他提出"机关必须层层节制"，在纵的关系之外再加上横的关系，"纵横错综乃成为灵活的有机体组织"（卢作孚，1999：581—592），企业管理机构应该做到"每人各有确定的执掌并有层层节制的可信的管理方法，如身之使臂，臂之使指"（卢作孚，转引自凌耀伦，1990：110）。

司①。对这批过关斩将的幸运儿而言，通过这次入职考试具有"鲤鱼跳龙门"一般的改变身份的重大意义，因为进了民生"我终生就定了"，因此他们对这场考试的记忆十分深刻。

> 我：你们在考练习生的时候要考哪几科呢？
>
> 陈：语文、数学。
>
> 我：还有体育？
>
> 陈：英语……我们考的时候100个人考10个人，10比1。
>
> （陈鸿宾，2009090902）
>
> 杨：我是16岁的时候进民生公司，做学徒，实际上做练习生。去的时候因为有我哥的介绍，但是也要测验一下，就让我记账，让我写写字，结果我第一次记账就把墨水瓶给打翻了，把账簿就弄脏了，大概是有点紧张。这是16岁第一个印象，记一笔账给他看，但是头一次就出了个笑话。
>
> （杨辛，2010051901）
>
> 我：你有信心肯定考得起？
>
> 邹：那真是，我感觉每科都考起的，为啥呢，因为我那阵，那个考的题很简单，就是要快，就是试验你这个人脑筋快不快，思维快不快。
>
> 我：题很多？时间很少？
>
> 邹：题多得很，一翻开，喊你手把笔拿起来，还要喊开始，才做。简单是很简单，我是每道题都答起的。
>
> （邹鸿俊，2010050601）

---

① 有意思的是，在这10名进入民生公司的职员中，至少有7名有兄长在民生公司工作。这一方面是因为民生公司当时规定进人要有铺保，但如有亲人在民生公司任职，也可不需要铺保，因此对于有亲人在民生的求职者来说这是一个有利条件；另一方面，也因为在公司工作的兄长为民生公司传出了好口碑，家中年轻的子侄受到吸引前来应考。而且这7位职工的兄长也并非具有重大影响力的高级职员，甚至只是水手（如马正浓兄长）或水手长（如周永清叔爷），很难说他们的请托会发挥重要作用。总的来看，笔者认为，与其说其亲友在民生工作表示他们进民生时人际关系发挥了作用，不如说这是刚进入工商社会时宗族主义在人们求职心态上的反映，人们仍习惯于"打虎亲兄弟，上阵父子兵"。

这些讲述至今仍透露着紧张、兴奋和自豪。民生公司选拔性录用考试的严格筛选既是对优秀青年能力的肯定，也是民生公司事本主义特征的证明。比较各个岗位的考试内容也可以发现，考试并非虚设门槛，也有相当的针对性。不同的部门和岗位入职考试内容不同，一般性的练习生考试科目包括国文、算术，会计等岗位侧重财务技能，涉及理货报关的岗位则需加试英语，但即使最普通的茶房招考也要考试算术。当然，彼时国人整体教育水平有限，在船上大量的水手、茶房仍然只是粗通文墨或者近于文盲水平。[1] 总的来说，民生公司通过设立招考制度，提高了员工群体的文化素质。表 3-1 呈现的是 1933 年的民生公司职工学历。

表 3-1　1933 年民生公司职工学历

学历	人数
外国大学	7
国内大学	70
高级中学	82
初级中学	212
高级小学	220
初级小学	94
私塾	268
其他	790
未明	168
总计	1911

资料来源：甘南引，1934a。

值得一提的是，民生公司招考制度也有另一种效果，由于对教育素质要求较高，客观上造成了一种对职工年龄的筛选，形成了一个相对年轻的职工队伍。这里仍以甘南引 1934 年的人事报告为例，见表 3-2。

---

[1] 根据民生公司老职工周永清回忆，抗战爆发后由于大量受过良好教育的青年学生入川逃难，民生公司招考标准趋于提高。"茶房是正式考，也有介绍的。我是考起来的，我们那届考得比较高。我是 21 期考来的，抗日战争失业的考来的多，其中有大学生也在考，他是正南齐北的大学生，最后卢总晓得大学生，好，把他收起来。一般就是高中这些多，起码初中生"（周永清，20150509）。

表 3－2　廿二年份职工年龄情况

年龄	14—15	16—20	21—25	26—30	31—35	36—40	41—45	46—50	51—55	56—60	61—65	未明	合计
人数	4	266	390	391	236	225	113	65	29	19	5	168	1911

资料来源：甘南引，1934a。

从表 3－2 可见，中青年是公司职工的主体，40 岁以下者共计 1512 人，占到了全体职工人数的 79%。另据 1937 年统计，民生公司 41 名处级以上主干人员中大学以上学历者有 38 人，占 93%，其中 5 人是英、美、德、日留学生，此外还有大批技术精湛、经验丰富的技术人员。抗战爆发后，随着华东华北的一些造船厂技术人员迁移到大后方，他们也被罗致到民生公司，如留德轮机工程师周茂柏被聘为民生机器厂厂长，留英船舶设计专家张文治被聘为公司总工程师（刘重来，2007：87—88）。较高的职工教育程度以及相对年轻化的职工年龄结构为后来一系列以公司为核心的职业共同体建设提供了便利条件。一批受过高等教育的年轻高级人才成为民生公司技术、管理方面的骨干，同时，他们也为后来的船员教育和公司内部持续不断的员工培训提供了基本的教师队伍。民生公司尊重人才、培养人才是出了名的。

> 我们看到总经理的工资没得船上的船长高呀。这是尊重技术人员，技术人员在我们的产业中，在我们的事业中，那发挥的作用是了不起的！（陈代禄，20091108）

民生公司可称为人才的府库，但科层制的事本主义原则要求各个岗位的承担者人尽其用，陈代禄老先生向笔者证实，虽然不同层级和岗位的员工工作性质有别，但在分工协作之下各司其职，相对平等。

> 那阵各干各的，各有各的职务，工人也是人，茶房也是人，练习生也是人，总经理也是人……是不是我们就把工人排斥下去，贱视他们呀？没得。（陈代禄，20091108）

民生实业股份有限公司

股东大会 — 监察
董事会
总公司
总经理室

经济研究室 — 分公司 — 叙府分公司、宜昌分公司、上海分公司 — 嘉定代办处、沙市代办处、南京代办处

总务处 — 文书股、人事股、庶务股、编辑股
办事处 — 狮子坪办事处、泸县办事处、涪陵办事处、万县办事处、汉口办事处 — 奉节代办处
工厂 — 山峡染织厂、合川电水厂、民生机器厂

船务处 — 调遣股、栈务股、燃料股、修配股、厂务股
轮船 — 民权、民俗、民风、民贵、民众、民彝、民族、民主、民强、民由、民熙、民来、民享、民安、民治、民生、民裕、民视、民有、民党、民宁、民立、民信、民用、民法、民利、民约、民福、民望、民政、民康、民苏、民德、无通、南通、昭通、光耀

业务处 — 货运股、客运股、代办股、保险股
囤船 — 合川民生囤船、北碚民生囤船、白沙子民生囤船、土沱民生囤船、叙府民生囤船、泸县民生囤船、合江民生囤船、万县民生囤船、江津民生囤船、涨溪民生囤船、宜昌民生囤船、涪陵民生囤船、长寿民生囤船、重庆民生第十囤船、重庆民生第九囤船、重庆民生第八囤船、重庆民生第七囤船、重庆民生第六囤船、重庆民生第五囤船、重庆民生第四囤船、重庆民生第三囤船、重庆民生第二囤船、重庆民生第一囤船

会计处 — 出纳股、会计股、股账股、审计股、统计股
拖驳 — 泰关拖驳、民生六号拖驳、民生五号拖驳、民生四号拖驳、民生三号拖驳、民生二号拖驳、民生一号拖驳

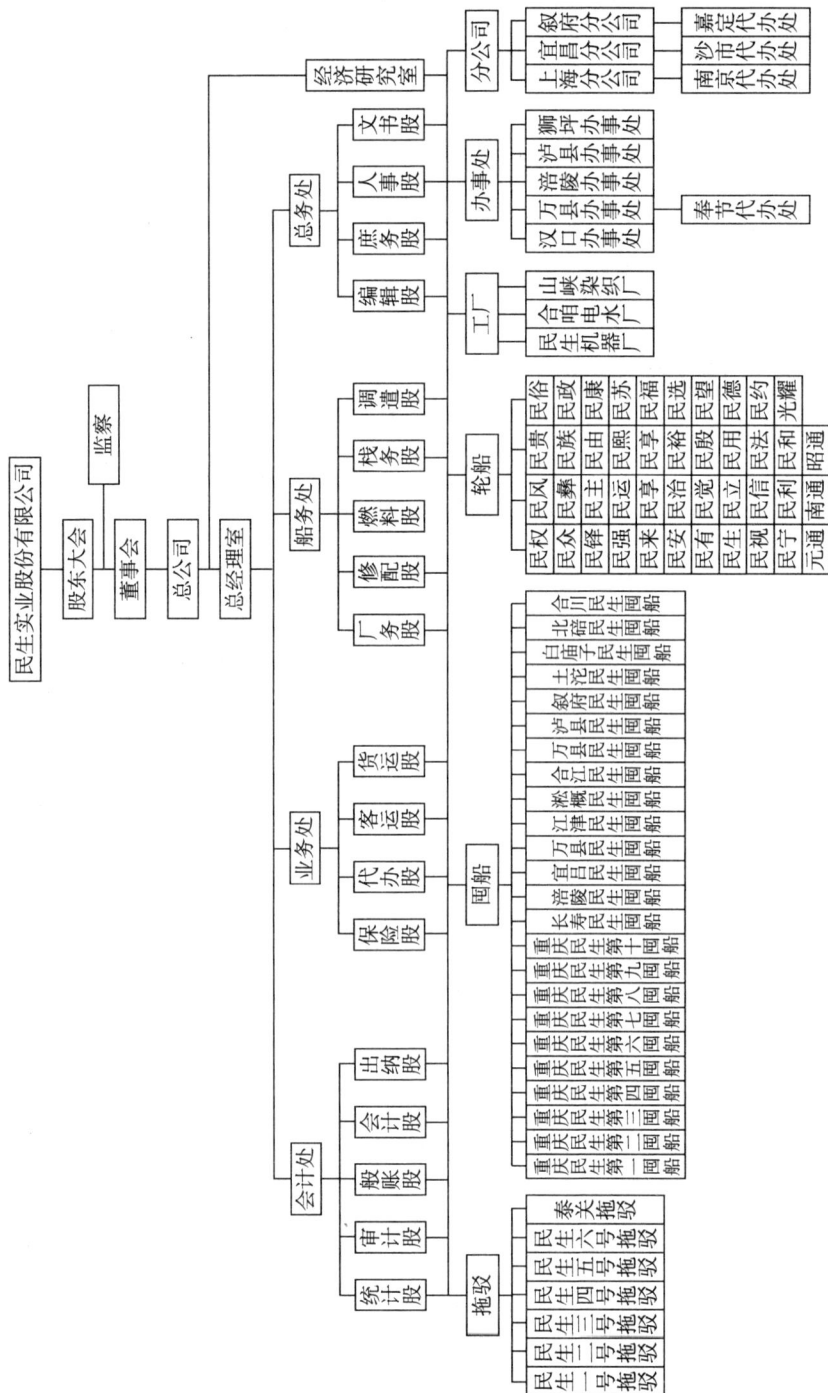

图3-1 民生公司组织系统图

资料来源：杨大烈，1936。

（二）从对人的依附到对公司的依附

在考试制度之外，民生公司在用人制度上另一项推进职工对公司依附的重要举措是废除"包办制"，实行"四统制"。在经济史和管理学研究中，民生公司的案例已经引起了人们的关注，成果丰富。民生公司这场针对包办制的斗争更是被当作了科学管理改革成功的案例（高超群，2008）。"包办制"是20世纪二三十年代航运界普遍实行的制度，又称"三包制"或"买办制"：第一，人事包办，船东（或公司）将轮船的驾驶、轮机和事务分别包给他人管理；第二，事务包办，按照性质不同的各种营业事务，以支付一定金额包与承包人，一旦包定之后，无论盈亏损益，船东或包主不再过问；第三，物品包办，即船上五金用料和机油用量均以一定款额承包（参见凌耀伦，1990：96—97）。其中，对劳动人事的包办制度也可以称为包工制。对包工制的起源和性质，学者们有不同看法，有人认为包工制自国外舶来（经江，1981；凌耀伦，1990），是语言不通、不善管理华工的外国工厂利用劳动中介以华制华的制度形态，有人主张包工制更多地体现的是封建剥削的性质，甚至将其与封建把头、帮会相联系（吴小沛，2011）。民国时期，一些企业曾经掀起以现代企业的科层管理取代"工头制"的科学管理运动（张忠民，2003；高超群，2008；徐敦楷，2010），既有如申新三厂、民生公司、华新纱厂等成功案例，也有如开平煤矿等数度改革不成、继续沿用包工制的例子（杨可，2013）。

就航运界的包工制而言，在民生公司建立之初，"（其他）公司几无一非包办之船"。通常的做法是驾驶包给船长，以下大副、二副、三副、舵工、水手甚至领江，皆由船长自用，公司无权过问。同样的，轮机部包给大管轮，事务部包给大买办，下面各工种公司均无法过问（参见郑璧成，1937：96）。这样一来便形成了即使在一条船上也有"若干小集团"的局面，不仅在业务安排上缺乏协调，影响公司的统一调度，更重要的是，它从根本上是一种依附人（包头）而非公司的制度。从制度上分析，各个小集团作为独立的利益单位，各自为政，其间缺乏利益联系，难以形成合作；而且，由于已经以一定价格包工，公司整体利益与个人收益不发生关系，难以鼓励积极发展公司利益的行为；再者，人员任用取决于包头的个人喜好和私人关系，公司缺乏劳动用人权，难以凝聚人心（参见凌耀伦，1990）。

针对这种局面，1926年起民生公司在"民生轮"上首先废除买办制，推行经理制。船长、经理及全体职工由公司直接任命，轮船经营大权直接由公司掌握。所谓"四统制"，即船上人员统一由公司任用，任人唯贤，不准滥用私人；船上财务统一由公司掌握，一切收入归公司所有，不许营私舞弊；船上燃料油料消耗统一由公司定额核发，节约有奖；全船由船长统一指挥，不许各自为政。由此，各船的人权、物权、财权高度集中于总公司，从组织建制上保证了公司对基层的控制（参见凌耀伦，1990：98）。在此基础上，公司利益才有可能合成为一个整体，避免了从前小利益集团分立的状况。

民生公司自1937年人事委员会成立以来，就基本确立了总经理领导下条块结合的人事制度。各处室在人事管理上也有一定的权力，"股主任以上人员由总经理提名（或有关处室经理提名），经人事委员会咨议，最后由总经理决定直接任用，并报董事会核查备案，其他一切人员，则由各处室或有关基层单位直接管理，其任免奖惩亦由各有关处室配合有关基层单位提名推举或提出具体意见，再交人事委员会议定……船上茶房、服务、理货等人员，则由业务处、总务处与船上经理商定提名、任用和管理"（凌耀伦，1990：114）。例如，理货练习生邹鸿俊考进民生公司以后被分配在一艘囤船上实习，最初是"十二块一个月，包吃包住。以后……就给我们加了六块钱，就是十八块钱一个月。实习满了这样子。并且我是最好的成绩。加钱是普遍都加，最高加六块，中等的加四块，最少的加三块"。而加薪水平的高低，则取决于囤船上管理（即经理）对其表现的考核结果。"因为像我们学习啊，囤船上的管理、工作人员，感觉这个人不错，印象很好，打的'甲'级"（邹鸿俊，2010050601）。练习生正式进入工作岗位以后，考核也在继续，考核成果直接影响练习生的晋升。练习生邹鸿俊因为表现优秀，不断得到肯定，"十八块第二年又加了三块，就是二十一块了。二十一块没得好久，提成理货员，加成二十四块。不断地在加钱。呵呵。"而他也对当初给予他这份肯定的船上经理念念不忘。很多经理也不过是早几年投身民生公司的青年，年轻、知书达礼，让新入职的练习生又多了几分认同感（而不是依附感）。"我上船就与杨伯豪（经理）同一条船，杨伯豪对我很好，给我打的成绩打的甲级……（他）对人很好，说话斯斯文文的。心平气和的，这个人很不错"（邹鸿俊，2010050601）。由此可见，基层的处室或船上负责人有根据实际业务进行人事提名和评议的权力。而总公司掌握的是最后的审议权，这样既不至于脱离实际，造成基层上下不睦，也不至于各处室随意安插私人，各自为政。曾担任过船上经理和船长的刘本祥也向我们解释了他的权力范围，的确是有评议权而无调遣权，整个人事权还是掌握在公司手里。

> 公司有个侍应科，就是专门管茶房的一个科，这个科管两个部门，一个茶房，一个伙食，它对茶房和伙食都有要求的。我们是代表公司执行它的要求，我们自己船上不能自己制定规章制度，船上对用人，只能说对这个人怎么样，可以向公司反映，但对人的升迁调遣没得权力。你可以报告，不管船长也好，不能处罚的，批评可以，但是你要调他也好，你必须经过公司，就避免这个人事处理上随意性、个人好恶，是不是？整个人事权都是公司掌握的。（刘本祥，2009111001）

历任彭水、秀山、民治、民苏、民武、民泰、玉门等轮事务长与船长的刘本祥详细介绍了船上各个部门是如何分工协作的。

> 民生公司的轮船一开始就废除了旧轮船公司和外商轮船通行的买办制度，改为由公司派员上船做经理，管理船上的客货运输及膳食供应各项服务工作。后来把"经理"改称"事务长"，以便与"船长"、"轮机长"职称相衔接，并称船上的"三长"，各司其职。但船上职工人多，船、岸职工仍多按习俗称为"经理"。事务长的具体职责是负责船上的客运货运和膳食供应等服务工作，此外船上还设有会计员，经管财务收支。船上的"三长"分别由公司的船务处、运务处委派，会计员则由财务处委派。"三长"代表公司对所属船员进行管理考核，但

对船员的调动任免仍由公司相应的主管部门决定，"三长"不能直接处理，这有利于避免在人事工作上的片面性和随意性，保证了船员之间的安定团结。（刘本祥回忆录，内部资料）

在民生公司的内刊《新世界》上，可以见到公司的人事管理严格而又透明，无论升迁赏罚，大小人事变动都要在《新世界》上公之于众。例如，在1932年第3期《新世界》上可以见到"七月份免除职工登记表"，有13人上榜。其中辞职、请假6人，其余均为开除，事由分别为："请假逾限旬日不续假（民有船 茶房）、私行卖用电话（事务所 小工）、平时做事不力（事务所 小工）、殴打厨役（民主船 水手）、工作时擅自窃睡（民生厂 艺徒）、懒惰成性（民福船 司电）。"① 处分并非仅针对底层员工，在第4期《新世界》上，我们也看到经理因为船员旷职不报被记小过一次。公开公司的人事赏罚情况，等于是宣告和确认公司握有最终的人事决定权，从而避免将赏罚与私人相联系。

（三）促进交叉依赖的其他组织

前文已提及，民生公司规模庞大，职工众多，它内里是否有其他组织的存在？了解这个问题对讨论职工群体的团结是有意义的。我们在裴宜理（2001）、韩起澜（洪尼格，2011）对上海工人的研究中看到，基于地缘的帮派的确可能成为一种分化力量，阻碍工人们的团结一致。但是，在民生公司的案例里，我们一方面看到公司对职工的人事管理很严格，但与此相伴的另一面是，对于员工在其他组织中的角色，只要不影响工作，民生公司并不特别加以排斥。事实上，民生公司在正式的科层组织之外，公司还有一些下属的次级团体；此外，由于公司员工众多，有部分职工也具有帮派组织背景。这里专门就这些在正式科层组织之外纵横嵌套的其他组织做一讨论，看它是破坏职工群体内部团结的消极力量还是发挥着促进团结的作用。

1. 广泛存在的社团与帮派

除1940年代民生公司船上职工全部登记为海员工会会员外，民生公司

---

① 原文附有姓名，此处略去。

内部没有设立正式的工会组织（陈代禄、马正浓访谈记录）。从可见的文献来看，属于工人自发组织的社团至少有一个名为"航友合作社"的跨地区的同人社团。根据作家冉云飞引用的民生职工何现伦60年前的日记记录，公司有50多人组织了一个航友合作社。何现伦的日记未透露航友合作社的实际用途是什么，但它至少是一个交友及交流的同人社团，而且其成员地位不低，覆盖了不同地区。"今晚在状元楼与许昌益兄接风……他负责宜昌厂的责任——厂长，此次他来，是述职……我们给他接风的理由，因为他是我们航友合作社的社员。为了是要表达我们弟兄的亲热，不能不聚集一堂，犹如自己之弟兄。"在介绍了他们为什么要给许昌益接风以后，何现伦在日记中简略地叙述了一下航友合作社的情形，以实际之航运人员居多，而以岸上服务人员为少："航友合作会（社），五十余人，各自东西，大都散播于船上居多。这一批朋友，大都在公司，各人有各人的固定工作，所以彼此都很合得来。"（转引自冉云飞，2007）

笔者曾就除公司正式科层组织之外的职工群体内部其他组织的情况请教了多位老职工，尽管他们并不清楚航友社的情况，但都指出了一点，公司对待这类职工自发形成的组织都不太管。"小单位进去你工作受限制得很，这个民生公司对职工不是说管得很严，没得旁的来那个你，很愉快，很自由。不限制你，只要你好好生生地工作"（邹鸿俊，2010050601）。民生公司里面有一部分人有一定的社团背景，但是，只要不影响到公司正常的组织活动，公司不会管，大家也不以为然。

担任船上经理的刘本祥坦承：

> 员工里头，告诉你，共产党也有，国民党的军统中统也有，袍哥也有，这个社会，不可能民生公司这么大一个序列，这么多人员，来源这么多，成分各种复杂，他和社会不可能没有千丝万缕的联系。哪会有那么干净？绝对不会有那么干净。只是这些人在公司里面带来什么恶劣影响没有，只能这么个看法，只是在我所经历到的，我所看到的，还没有发现很大的恶劣影响（刘本祥，2009111001）。

好几位受访老职工都指出，公司里有人"嗨袍哥"①。周永清老先生告诉笔者，一位处务经理就是"民国路的袍哥大务，那是相当凶的"（周永清，2009111002）。

> 我：那像民生这种新式的公司里头有没有帮派？
>
> 张：（很干脆）有！有嗨哥！水手长大部分都是嗨哥大爷。
>
> 我：啥子叫嗨哥？
>
> 张：就是袍哥呀，兄弟呀，几弟兄一辈子呀，男娃儿嘛。以前女娃儿都有，姊妹，一辈子互相帮助。
>
> 我：那只是自己个人拜，没有参加那个组织？
>
> 张：有，哪个是大爷，二爷，三爷，他还兴那些名堂。
>
> 我：水手长很多都是？
>
> 张：是。还有，有些茶房头脑都是嗨哥，跟地方港务局那些人，打这些交道，都是让他去应付，打架过孽（重庆方言，即起纠纷。——笔者注），他就可以去跟他们，去跟岸上联系起，打不起来。
>
> （张开益，2010050402）

这些船员中袍哥的存在，实际上有利于协调一些日常业务中的问题。

> 张：××县的那个办事处主任，就是个嗨哥大爷，在××县吃得开，他就应付得开，他去把（问题）应付了来，没得哪个来××办事

---

① 哥老会会员一般称为袍哥，四川方言中参加哥老会又称"嗨袍哥"。根据前人对秘密社会的研究，清末民初随着长江汽船航运的发展和漕运政策的变化，长江流域以及运河地区充斥着大量的失业水手与船夫，为哥老会、安清道友（青帮）为主体的秘密社会的空前发展造成了庞大的后备军。辛亥革命以后，随着大汉四川军政府在成都宣告成立，哥老会完全公开化、合法化，袍哥由清朝时期的反动"会匪"一跃成为"共和功臣"，四川也成为哥老会活动最多影响最广的地区，人称"有地皆公口，无人不袍哥"，甚至一些工商界、教育界人士也加入其中，如民生公司董事刘航琛也"嗨袍哥"（参见吴善中，2002；赵宏，2006）。又根据王笛（2018）新近对袍哥的研究，抗战时期政府对袍哥的限制极少："抗战时期，许多袍哥成员纷纷加入和支持抗战，有钱出钱，有枪出枪……1942年四川袍哥发动了几十万人捐款购买飞机，命名为'忠义号'。袍哥是抗战可以利用的力量，当局在这个时期对袍哥的限制极少，袍哥又成为一个公开的组织，并在地方与政府有许多的合作。"

处船上扯把子（重庆方言，即耍威风。——笔者注），那个很吃得开。

我：那其实没啥坏处。

张：但是他不得去打人，又不得杀人，就是你莫来给船上惹麻烦了。

我：就是起一个保安的作用嘛。

张：但是那个不叫保安。他是主任，还是正式职工。

我：我的意思是起到一个保卫安全的作用。

张：哎。

（张开益，2010050402）

刘本祥老先生任船上经理时也并不过问下面人"行走江湖"的事，有时候这种江湖关系还可以帮助摆平一些问题，上下之间都是心照不宣。

我：当时，解放前，重庆川江上袍哥习气那么重，和这些人打过交道没有？或者有过冲突吗？

刘：有啊，有啊。

我：怎么处理这些问题？

刘：我又没加入袍哥。我就不和这些人（打交道）。我就依靠什么呢，那个茶房里面有个组长，当时叫茶房头脑，五六个茶房里面有个组长，这个组长相当能干，我没详细过问他们的情况。他就和军警袍哥有一定的关系。比如军警来查船，他来接待，根本我都不出面。

我：这个是你一去就发现是这么回事？

刘：哎，我就发现这么回事情，他来接待，他来招呼啊。

我：照理说是应该你接待？

刘：照理说应该我来接待，我就不接待。

我：你开始去接待过？

刘：没接待过。

我：他就说他来？

刘：哎，他说，"经理你不管，这些人我来招呼"。当然我也乐得，我也不懂这些事。好像没出过事，我在船上还没有因为这种岸上的，当地的地头蛇也好，军警也好，来打麻烦的。

我：就是没有那种来占便宜的？

刘：在我在宜昌的时候还没有过。甚至于这种情况都没有：客人不买票他可以（做到），他完全可以跟茶房打个招呼，"这是我的客"，甚至船上还可以请他吃饭，但是他没通过我，都没跟我说，是不是他处理了就行了，我也不晓得，我也不过问。

我：但是没得冲突？

刘：没有冲突。

（刘本祥，2009111001）

马正浓甚至还讲到了他被身为袍哥的同事动员加入袍哥的经历，尽管他并没有被说动入伙，但这次邀请对两人的友谊、在公司中正常的业务往来都没有影响。

马：那些同事之间还劝我去参加这个，参加那个。比如喊我参加袍哥。

我：有喊你参加袍哥的？

马：有啊，曹善齐（音），他是个袍哥大爷。

我：他是干啥子的？

马：他是个大爷啊。

我：他在民生啥子部门呢？

马：他是协同心，他那个堂口叫协同心，他是个大爷。他就劝我参加。我说我不愿意参加，你这个要磕头，进去要磕头。他说你不磕头都可以。

我：他是不是民生的人？

马：民生的人。

我：民生哪个部门的人？

马：调度室搞过的。他的儿子也在民生公司，他也在民生公司。

我：你们怎么认得的？就是业务上打过交道？

马：不是业务上，同事嘛，等于一个大门进出，熟悉了。

我：他怎么非要把你看上了要发展你？

马：因为我结婚了以后家住在弹子石，他也是弹子石的人，当然他是曹大爷，曹善齐，不晓得你晓不晓得。他后来就劝我参加。

我：参加有啥子好处啊？他怎么动员你呢？

马：一路上下班啊，上班有时候一路啊，下班有时候一路啊，因为他弹子石过江也要赶轮渡，我也赶轮渡。

我：他怎么动员你，那个参加有啥子好处吗？

马："来嘛。坐茶馆嘛。"我说："哎呀，你那个麻烦，参加你那个要磕头。"我在家里是第一个带头不烧香的。

（马正浓，2010050701）

动员马正浓的人不仅是袍哥，青帮的人也曾看上过马正浓，而且这个青帮的成员就是他的好朋友，其帮派身份对马正浓老先生和他之间的友谊并没有构成任何障碍。

马：青帮也来喊了我的呀。

我：袍哥和青帮不是一个？

马：不是，各是各。

我：上海那边来的青帮。

马：哎，对对对，杜月笙。青帮我有个好朋友，叫杨霞凤（音），他参加青帮的，我两个很好，现在他去世了之后，他儿女对我都很好。这个人也不错，参加了青帮的。他劝我也去，我说我也不去，你这个要磕头，我说我不去。我也没去。反正我不愿意跟别个，为啥要跟你磕头嘛。这个东西磕头，我一辈子我也（不愿意），我就觉得宁肯站着死，我也不愿意跪着生。你何必搞那个名堂。我就不愿意。我就没有搞这些名堂。所以其他没有什么。我不参加这些。历次搞运动确实也找不到我的历史问题。

（马正浓，2010050701）

20 世纪二三十年代，随着青帮势力向经济领域的拓展，杜月笙入主上海的金融业、航运业和烟草业（邵雍，2006：171—175），1935—1937 年，杜月笙本人都是民生公司的董事（参见凌耀伦，1990：101）。在后来的抗日对敌斗争中，袍哥、青帮被国共两党视为需要争取的力量（邵雍，2002：206、295），他们也的确对抗战做出了贡献，因此这些帮会成员在日常生活中也并不掩饰身份，其他同事对他们的态度似也并不因其帮会身份而有什么不同。不过，从这几位受访人有限的讲述来看，尽管帮会仍然明显存在，但似乎并不活跃，并没有出现《上海罢工》和《姐妹们与陌生人》中所描写的上海工人中帮会势力横行的局面，也并没有受到员工的敌视。

1940 年代，随着人际关系学派的兴起，组织中的非正式关系开始受到重视。第一章导言部分已经提到，费孝通（1946）在《昆厂劳工》的"书后"中也提出要重视非正式组织的作用。"要使得工人效率提高，最好是使工人们把工厂看成是他们所关心的生活团体"（费孝通，1946：219）。但在当时，以霍桑试验为代表的经典企业个案研究对非正式组织关注的侧重点主要落脚于效率，探讨的是和睦关系对工业企业的工人效率有何种影响。就民生公司的案例而言，帮会关系被视为在复杂环境中开展工作的一种辅助网络，一种正式制度之外的补充手段，有时候管理工作中会主动加以调动利用。从非正式组织关系与群的关系来看，因为维持航业秩序是两者共同的利益，部分身为帮会分子的民生员工并没有让他的帮会身份妨碍其正式的组织角色，因此并没有形成一种分裂的力量。民生公司并非特例，美国历史学家高家龙在对中国大企业的研究中也指出，在 19 世纪后期至 20 世纪前期的中国近代的企业行为中，科层管理体制和中国的关系网之间并不是非此即彼互相取替的关系，两者之间有着更为复杂的互动，既使用了等级体系，又利用了关系网（高家龙，2002；转引自高超群，2008）。当然，前提是这些不同的社团文化无法挑战和影响组织的主流价值。研究企业文化的学者也指出，公司的各个部门经常存在不同的亚文化，"在任何公司中，亚文化都很容易相互碰撞。如果公司的企业文化很强，这些冲突就会形成一种有益的紧张状态"（特伦斯、肯尼迪，2008：167）。正因为民生公司有"服务社会，便利人群，开发产业，富强国家"的民生精神作为强大的主流价值，才有可能对各种公司亚文化的存在表现出充分的包容，令其为我所用。

2. 妇女生活的集团

民生公司职工数以千计，但绝大部分是男性。[①] 如前文所言，他们个人的日常生活几乎全部围绕民生公司来开展，那么他们自己的小家庭生活是一个什么样的局面呢？民生公司高级职工之妻或可在公司谋职，但广大普通男职工的家属多半受教育水平不高，谋职并不容易。几位受笔者访问的老民生人也表示，也曾经尽力为妻子在民生公司谋职，但并未成功。如此一来，"多数之职工家属既无法任职于公司内，复不能于公司外谋他种职业，是公司多数职工将毕生受其累赘。此直接影响于职工本身，间接影响于公司事业"（盛绍尧[②]，1938）。因此在卢作孚夫人蒙淑仪的倡议和主持下，1936 年民生公司成立了职工家属工业社（简称"民职社"），每年由公司拨款 2400 元作为常费，同时面向社会和公司经营其缝纫和刺绣产品。民职社招收民生职工已婚的职工、未婚的爱人和受其抚养的妹妹，培训她们工作的技能。仔细检查民职社的活动内容，可发现其半工半读的性质，不但入社需要通过招生考试，在每日四个小时的缝纫、刺绣、编织等工作之外，尚有三个半小时的授课，课程内容兼涉国文、算术、卫生、公民、音乐、图画、习字等，每月一考。同时，"每个星期都有她们的集团活动：有时是做短足旅行，有时是在社里举行谈话会，娱乐会，或是读书报告，或是习字比赛"（韩尚敏，1936）。可以说民职社不仅仅是一个解决生计问题的生产组织，也进行一种群的生活教育，是"一种特殊的学校"，为的是使职工家属在一半求学一半工作的生活中，"改变少数个人安坐享乐，呼奴使婢的生活（如高级职员家属），为半工半学生生活；使多数终身的光阴消磨于抚育儿女及烧饭洗衣的生活者（如下级职工家属等），得以一面工作，一面求知，以获人生应有的娱乐"（冉庆之语，参见赵晓铃，2006）。从公司整体来看，民职社虽然人数不多，但还是一种具有探索意义的横向的组织

---

① 民生公司的女性职工比例非常低，据估计不超过 5%，女职工多集中在会计、小学教师等岗位。

② 民生公司总务处襄理兼人事股主任甘南引之妻，毕业于北京女子师范大学。甘南引 1937 年2 月去世后，盛绍尧即进入民生公司，先后供职于民生职工家属工业社与编辑股。

形式。我们注意到，它招收的社员包括民生职工"已婚的妻子"，也就是说，从日常生活的组织形式来看，传统的夫妻家庭可以被打散成为丈夫围着公司转、妻子围着家属工业社转的形式。民生公司经理宋师度在民职社第二期开学典礼上讲得很直接："公司的水上岸上四千多个朋友，我们希望将来能够个个人都把家庭迁到公司来住，不回家去，使公司变成职工的家庭。"（参见刘正勋，1937）这也便是贯彻了卢作孚所言之"设法解决他们本身以外的问题，如家属职业的问题，子女教育的问题"（卢作孚，1936）。

从男性职工进而到他们的家属，民生公司致力于将所有人以集团的形式统领起来，大家都围绕着职业形成一种生活的共同体，对同事产生群的情感，对公司形成全面的依附。一切正如卢作孚所展望的那样，"产生了新的集团生活之后，一向的集团生活——家庭和亲戚邻里朋友——的相互依赖关系会降低了，因为有了新的依赖关系"（卢作孚，1999：/1934：331）。

由此观之，在民生公司正式组织结构之上，职工群体内部又交错嵌套着不少社团，同时有少量员工还具有帮派组织身份，加上后面要提到的各种层面的基于趣缘、业缘的小社团，可以说民生公司这个大集团的员工群体其实是由各种纵横嵌套的小团体构成的，而同时，至少在 1945 年以前，民生公司可以算得上是一个劳资关系相对和谐的公司。彼得·布劳曾经指出，"一个社会的成员们的多群亲和促进了许多相互交叉的冲突和反抗力量，这就防止了能很容易把该社会撕得粉碎的两个对立阵营之间强烈敌视的发展"，"可以防止深刻的分裂"（布劳，1988：350—352），从这个意义上说，各种交叉依赖的关系——纵横嵌套的小团体可以看成民生公司得以巩固职工团结、避免阶级对立的有利因素。

（四）广阔的内部劳动力市场

如前所述，卢作孚在建立民生公司之初就是想建立一个职工可以毕生依赖的家园，因此，从公司的角度说，降低员工的流动率，培养一支可以依靠的稳定的职员队伍也是其内在的要求。随着公司的不断扩张，对劳动力的需求不断增大，必然面临如何补充劳动力缺额的问题，那么，解决劳动力的缺口是依赖内部的劳动力市场还是采取外部化的雇佣策略呢？

社会学界对"内部劳动力市场"的关注始于布洛维（Michael Burawoy）的《制造甘愿》，他在书中引用了一段话来对内部劳动力市场加以说明，"一个行政管理（administrative）的单位，例如一间制造业工厂，在工厂里面劳动的价格与配置，是由一组管理规章与行政程序来控制的。这个受管理规章控制的内部劳动市场，有别于传统经济学理论的外部市场：外部劳动市场的价格、配置、训练等种种的决策，是直接由经济变项来控制的"（布若威，2005：245—246）。布洛维通过自己的田野工作指出，他所在的案例厂出现了一个内部劳动力市场："30年来个人离开公司的流动性日渐减少，公司内部的流动性逐渐提高，以及从公司外招工数的缩减并且新人进来时只是处于一个较低的职位。"（布若威，2008：102）

回到访谈内容，笔者发现，受访的老职工对公司的两方面内容有着令人惊异的清晰记忆：其一是前述的公司组织结构，大多数老职工都能脱口而出，其二是公司的职工逐级晋升的通道，从老先生们的回忆来看，除了不同公司业务覆盖的不同地域分支机构之间的互相调动之外，公司内部垂直的流动性颇为可观。因为本研究的受访者以职员居多，大家谈得最多的是总公司员工（即干部）系统的层级与晋升路线：大体来说，除非是大学毕业生可以直接进来做办事员，一般的能通过入职考试的职员都从练习生做起，经逐级考核，可升为助理员、办事员、主任科员、副科长、科长……上面还有处长、襄理、经理、总经理等各级①。公司文件对公司内部劳动力市场升迁渠道的正式表述是这样的："有功者必奖，为公司素来之主张，各部职工有能力特强者，已实行升级。如茶房水手之升头脑；管舱练习生之升管舱员；货舱管理之升副经理；练习生升助理员；助理员升办事员；办事员升主任；主任升襄理。水手升舵工；舵工升学习领江；三领江升二领江；二领江升大领江。学徒升工人；工人升机匠；机匠升二三车；大副亦有升船长者。"（甘南引，1937）尽管这里对各个序列不同的升迁路径有个大致分类，但实际上尤其是在民生公司发展初期，因为人才不敷使用，有

---

① 资料来源于与罗英杰、刘本祥、周永清、杨辛等人的谈话记录。

能力者也有跨序列升迁的机会。① 具体到笔者的访问对象，有好几位以练习生身份进入民生公司，几年之内都升到了办事员。从工人系统来说，从低到高有勤杂工和茶房等职级。以上所说的都是正式职工。事实上，因为抗战爆发之后民生公司得到机会发展附属企业和投资事业，公司也临时雇用了一批雇员和雇工，他们不算正式职工，公司"随时可以解雇你"。但是，无论从工人到职员，还是从临时雇用到正式雇用，虽然有门槛，但晋级的通路并非完全封闭，只要干得好，还是有机会实现身份的转变。公司的行政事务人员职级分类参见表3－3。

表3－3　民生公司行政事务人员*职级分类

	正式雇佣	临时雇佣
职员	总经理	雇员
	襄理	
	经理	
	主任	
	办事员	
	助理员	
	练习生	
	事务员**	
工人	茶房	雇工
	勤杂工	

资料来源：罗英杰、刘本祥、周永清、杨辛等人的谈话记录及凌耀伦（1990：136）。

注：*除行政事务人员序列外，驾驶人员、轮机人员等技术人员有自己的职级分类和升迁渠道，可参考甘南引，1937。

**"事务员"这一职级未见于笔者查阅过的文献，但有三位受访者谈及。根据谈话内容，事务员应该是固定下来的正式编制，但并不属于干部序列（练习生是职级最低的干部），属于比茶房高比练习生低的过渡性职级，从事日常服务等一般工作。练习生工作不力则降为事务员，从事日常打杂，失去在干部序列内的晋升资格；干得好的茶房则可以被提升为事务员并进而得到升为练习生的机会。

罗英杰、谭春常等人的经历也反映了临雇员工和工人现象的存在。谭

---

① 例如马正浓便是以茶房身份招进公司，后来在人事科做练习生。刘本祥也曾提到，与他同船的一个水手卢永慎就从水手、舵工、领江一直做到三副、二副、船长。跨系列升迁者中最著名的便是从船上西崽最后做到船长的周海清。

春常 1944 年开始在民生公司下属的忠（忠县）丰（丰都）石（石宝寨）地区土桥子煤矿"帮长工"，在一个幺站①给背煤炭的人煮饭，1952 年才正式进入民生公司做炊事员。尽管后来公司计算工龄时没有将他 1944 年起的这段临雇经历包括在内，但他还是认为"本来是（19）44 年就在民生公司的了"②。当时他所在的土桥子煤矿除了几位从重庆总公司下去做管理的"先生"，背煤炭的和在幺站服务的都是他这样的临时雇工。无独有偶，民生印刷厂学徒工罗英杰 1946 年因读进步书籍被厂里开除以后，次年再次通过民生公司煤站的招考成为一名煤站的雇员，他所在的煤站有 40 名雇员，还有几名负责浆洗帮厨的雇工，也就是说，整个煤站几乎都是临时编制。

不过，从临时雇佣的存在并不能推论出民生公司就依赖非常弹性化、外部化的雇用策略，恰恰相反，在民生公司主要经营的航运业务中，职工队伍还是基本稳定的。不应忘记，民生公司的正式员工到 1936 年已有近 4000 人的规模（凌耀伦，1990：122—123），而且在抗战爆发后还在继续增长。庞大的职工队伍、良好的员工素质、细密的职级划分和持续不断的员工培训为公司创造了一个广阔的内部劳动力市场。我们看到，民生公司招考一般都只是针对初级职位；除个别高级人才以外，大部分民生职工都是通过招考，从最基层的练习生一路干上来；公司对技术、管理人员不断增多的需求大多通过培训公司内部的年轻员工来满足；公司在职工内部选贤举能，根据员工的能力和岗位的需要，有目标地培养、储备和配置人才③；公司有相当的凝聚力，职工有忠诚感。现代组织研究也有类似的结论——

---

① 四川方言，又称幺店子，即四川乡场上的杂货铺、茶馆，或者小酒馆、饭店，提供食宿。具体介绍可参见王笛（2018：46）。

② 在这里我们看到，公司制度对内部成员资格的认定和职工心理上对自己成员资格的认定出现了差异。一些组织研究的学者指出，组织成员资格认定常常很困难，因为在组织与环境不断互动的假设下，"组织实际用于完成其工作的操作系统可能会越过正式的或成员资格的边界"（斯格特，2002：171、180）。我们至少可以从谭春常等人的案例中了解到，民生公司对内部成员资格的控制是严格的，因为成员资格即意味着享受公司福利待遇的资格，这在当时甚至是比工资报酬更为稀缺的资源，下文将详述这一点。

③ 刘本祥提到，作为大学毕业生，他 1945 年曾去民族轮上为参加短期培训的员工教授英语，此后这批员工中不少都和他一起前往香港参加了远洋航运工作（刘本祥，2009111001）。

在依赖内部劳动力市场的企业里，由于公司为参与者提供长期的、往往是终身的职业，可以被视为"宗族系统"，在这一兼顾劳动力与企业利益的机制中往往伴随着企业内强烈的团结感（Ouchi，1981；转引自斯格特，2002：236）。民生公司的老职工们对这一点有许多表述："就像一个大家庭一样"（张宜芳，2010050502）；"我觉得民生公司好，这个家庭，这个单位，这个组织好……因为比较稳定……（进了）民生我终生就定了"（马正浓，2010050701）；"民生公司感觉与众不同的是啥子啊，小单位进去你工作受限制得很，民生那阵感觉各方面很好，没得啥子坎坎……可以自由发挥"（邹鸿俊，2010050601）。

内部劳动力市场带来了相对公平的晋升机制和良好的职业生涯预期，激发了年轻入职者的忠诚。同时，与布洛维的案例厂不同的是，由于民生公司内的岗位培训和职称晋升都是由公司筹划和推动的，空缺岗位并未开放给个人主动申请，因此并未明显地产生"竞争性的个体主义"，个人之间横向的竞争至少没有表面化。

（五）普惠而优厚的工资福利

上一节提到内部劳动力市场促发了员工的忠诚，这一心理认同的基础当然离不开员工的成员资格带给他们的实际利益。这一节我们暂且不谈民生公司的集团精神建设，而是讨论其工资福利的普惠性和优越性。这对员工形成对公司的依附来说是非常基础的一点。

在谈具体的工资福利之前，让我们先来看看民生公司历年盈利情况。（表3-4）。

表3-4　民生公司历年盈利情况（1926—1936年）

单位：元，%

年份	收益总额	股本额	利润率收益/股本	资产总额	利润率收益/总资产
1926	25282	49049	51.5	77515	32.6
1927	58573	99225	59	170320	34.4
1928	38371	123300	31	285132	13.5

续表

年份	收益总额	股本额	利润率收益/股本	资产总额	利润率收益/总资产
1929	69262	153000	45	312667	22.1
1930	130116	250000	52	547873	23.7
1931	247104	506000	48.8	1110317	22.3
1932	366512	908000	40.4	2885244	12.7
1933	617404	1063000	58	3835949	16.1
1934	668491	1174500	57	4974720	13.4
1935	1174176	1204000	97.5	7308238	16.6
1936	2300177	1674000	137	9882260	23.2

资料来源：民生公司档案，财4，历年资产负债表，损益计算书；《新世界》1939年第4、5期；引自凌耀伦，1990：87。

从表3-4可见，民生公司自成立以来到抗战全面爆发以前，企业盈利连年保持飞速增长。从利润率情况来看，若以收益与股本额相除的方法计算，最低也是31%，最高达137%，年平均利润率61.6%；若以收益与总资产的比值计算，最低为12.7%，最高达34.4%，年平均利润率也达到了21%。而表3-4中计算收益总额时还未将税收、利息、保险以及扩大的折旧提存包括在内，如果加上这些，利润率还要高得多（凌耀伦，1990）。也就是说，民生公司在抗战爆发之前一直保持盈利，而且利润丰厚，正是在这样的财力支持下，它才能实现第二章末尾提到的卢作孚将全体职工生活包起来的宏大理想。

具体到民生公司的工资福利分配，如前所述，民生公司内部职工人数庞大、工种复杂、层级众多，又有行政事务人员vs技术人员、临时工vs正式工、员工vs.工人的种种细分，总的来说，其职工的工资福利可以概括为普惠性与等级性相结合，表现出同中有异的特征。

表3-5、表3-6是凌耀伦（1990）根据1933年薪级表记录的各种职务平均工资收入加上最基础的膳食、双薪、红酬、服装津贴4项福利收入计算出来的各类人员月收入。

表 3 – 5　行政人员月收入概况

职务	月工资（元）	膳食津贴（元/月）	双薪（元/月）	红酬（元/月）	服装津贴（元/月）	合计（元）	工资占收入百分比（%）
总经理	425	7	35.4	34.7	0.30	502.4	84.6
协理	210	7	17.1	17.5	0.30	251.9	83.3
处级正副经理	190	7	15.8	15.5	0.30	228.6	83.1
正副主任	115	7	9.6	9.4	0.30	141.3	81.4
办事员	70	7	5.8	5.7	0.30	88.8	78.8
助理员	21.5	7	3.6	3.5	0.30	35.9	59.8
练习生	11	7	0.91	0.89	0.46	20.3	54.2
茶房	10	5	0.83	0.81	0.28	16.92	59.1

资料来源：民生公司档案，总四，1674 卷；转引自凌耀伦，1990：156。

表 3 – 6　船上人员月收入概况

职务	月工资（元）	膳食津贴（元/月）	双薪（元/月）	红酬（元/月）	服装津贴（元/月）	合计（元）	工资占收入百分比（%）
船长	400	8	33.3	32.6	0.30	474.2	84.3
大副	150	8	12.5	12.25	0.30	188	79.8
二副	80	8	6.7	6.5	0.30	101.5	79.2
一等引水员	350	8	29.2	28.6	0.30	416.1	84.1
二等引水员	175	8	14.6	14.3	0.30	212.2	82.5
三等引水员	85	8	7.0	6.8	0.30	107.1	79.4
舵工	37	7	3.1	3.0	0.30	50.4	73.4
水手长（甲乙级）	37	7	3.1	3.0	0.30	50.4	73.4
水手长（丙丁级）	18	7	1.5	1.47	0.46	28.3	63.3
水手	18	6	1.5	1.47	0.28	27.3	65.9
大船经理	115	8	9.6	9.4	0.30	142.3	80.8
理货员	25	7	2.1	2	0.30	36.4	68.7
打杂	14	6	1.2	1.1	0.28	22.6	61.9
生火	23	6	1.9	1.87	0.30	33	69.7
看水	28	6	2.3	2.28	0.30	38.9	73.7

资料来源：民生公司档案，总四，1674 卷；转引自凌耀伦，1990：156—157。

　　正如凌耀伦（1990：163）所分析的，从上面表 3 – 5、表 3 – 6 中可以看出各类人员工资差别很大。但由于公司人员结构是金字塔式的科层结构，领取较高级别工资的主干人员在全公司不过 5%，占员工主体的大量中低层职工在不同职级之间收入差异并不大。从表 3–5 可见，作为茶房的工人和作为低级职员的练习生、助理员收入也相差无几，假如是分配到船上工作的茶房，加上每个月的小费收入，其实际收入可能还多于练习生。而且，无论是行政人员还是船上人员，从其职工总收入中工资所占比例来看，职级越低的工资所占比例越小，换言之，职级越低的职工享受的福利在其总收入中所占的比例更大（参见凌耀伦，1990：158）。良好的福利为保障中低层职工的生活起了非常关键的作用。

在民生职工所享受的种种福利中，最为如今的受访者们津津乐道的便是免费膳食制度："吃饭不要钱！"而且这是一项不问职级、覆盖全体职工的福利。罗英杰老先生评论道："伙食还是吃得好，民生公司就是这一点，第一个给你安排住好，第二个安排你吃好，这两样给你解决了，至于工资待遇那是很低的。"（罗英杰，2009110801）其实，罗英杰老先生 1941 年入民生印刷厂做学徒工，1947 年入民生煤站做雇工，都不是正式员工，但他也享受了免费膳食的待遇。在民生印刷厂当学徒期间，虽然他的工资低至 1 元钱，但却可以吃 10 元钱标准的伙食。其余工友，如民生新村小学打铃的金开元，甚至保留在船上的西崽①都可以免费吃饭。

由表 3–5 可见，民生公司的行政人员中除茶房之外，上至总经理，下至练习生，都是同样的膳食标准，而船上各类人员的膳食总的来说都相当好。在日后的战乱岁月中，因为物资供应紧张，民生公司作为营业范围跨地域的交通运输企业，在食品获取和供应上的优势则显得更有吸引力，这一点将在第四章详细分析。

在免费的膳食之外，民生公司其他福利项目还包括职工宿舍、红酬、双薪、医药津贴、因公致残救助、死亡抚恤、退休和养老金、假期优待与

---

① 西崽是船上工作人员私人雇用的仆从，民生公司曾经在 1930 年代初取缔船上西崽，但未能完全革除。熟悉船上情况的周永清老先生对西崽有一段有趣的介绍："所谓西崽是私人带的，船长配得有，可以在公司领钱，经理他不带。一个人可以请两个，公司照常拿钱，只是拿饭钱，没得工钱。是这个情况，我私人请你来给我做，但是他不是民生的人。但是他啥子事情都可以。船长你敢不敢惹他嘛，经理你都不敢，民生公司允许他带一个西崽两个西崽来服侍我。"（周永清，2009111002）

乘船优待、文化娱乐津贴与服装津贴、职工保险与储蓄、消费合作社与职工家属工业社等（凌耀伦，1990：143—153；马昌铭，1983），可谓范围广泛、项目众多（民生公司战前和战时的福利项目可参见附录3）。与当时其他企业和团体相比，有的福利项目具有一定的超前性，如1937年开始实施的职工保险就是其他商事团体所没有的（凌耀伦，1990：152）。

"小惠未遍，民弗服也"，值得注意的是，民生公司上述福利项目是每个民生职工都能享受的，换句话说，只要是民生公司的职工，不问职位高低，获得民生公司成员资格即取得了享受诸多福利的权利。这些福利项目不仅可以增加职工的物质利益，更重要的是，它将获取福利的权利附属在民生公司的成员资格之上，把个人利益与公司利益挂起钩来，从根本上建立了员工利益与公司利益的一致性。不但给员工带来了职业生涯的安全感，增进了职工对公司的忠诚，还在一定程度上弱化了劳资之间的矛盾。

根据民生公司档案中所记载的1940年"重庆市十机关团体职工待遇"，与聚兴诚银行、华西公司、招商局相比，民生公司茶房的月工资较低，但加上福利收入以后总计收入就接近20元，高于上述单位（凌耀伦，1990：162）。民生公司用于福利的支出相当惊人，以1935年为例，含双薪的福利费用占到了当年公司纯利的52.5%，膳宿方面的费用还未计算在内（凌耀伦，1990：155）。民生公司能让职工享受这样普惠而优厚的福利，一方面是由于民生公司业务不断发展、盈利迅速增加，有这个经济基础；另一方面也与卢作孚以及高级管理层素来劳资两利、劳资互依的主张密切关联。民生公司创始人之一、船务处经理郑璧成在民生公司成立十一周年时曾做《本公司之航业》的报告，道出了民生公司在航业发展之外对于建立和谐劳资关系的愿望："吾人夙所怀抱，急切企图……劳资交利，泯除阶级对立之形势。倘有机会容许试验，由一航线之成功，必将影响其他航线；由一事业之成功，必将影响其他事业。"（郑璧成，1937）可见，在公司管理层看来，这一切让利于职工的举措并非如有的学者所说旨在提高劳动效率，而是有意为之的社会试验。他们期待由民生公司做起，在共同的事业建设中给劳资双方一个交相利的平台，再以成功的典范带动社会，淡化劳资的对立。以此来体味1952年卢作孚在谢世之前的夫子自道，"我自问不是想当资本家来搞企业的"（赵晓铃，2010：246—247），足见这并非空言。

在普遍贫困、失业高涨的民国时期，民生公司还能为职工提供如此周全、普惠而又这样丰厚的福利待遇，不难理解为什么民生公司有这样的好口碑，人人竞相报考民生公司；也就不难理解为什么罗英杰被民生印刷厂开除以后还要二进民生公司，即使是做押运煤炭的危险工作也不在意。此外，从一些技术员工的反映来看，除了相当不错的福利，民生公司工作的稳定性也带来了报酬的稳定性，这也是其他航运公司所没有的优越性。由于民生公司技术领先，率先在川江中实现了全年航运，在枯水季也能基本不断航，从而能让职工全年都有收入。民生公司 1936 年从英国太古公司挖过来的李少亭向笔者介绍了情况。

> 李：太古待遇好些。因为太古给我们 80 块钱，银圆 80 块，吃都是它的。但是到民生公司来只有四十几块钱，待遇低些。
>
> 我：那您为什么还要来？
>
> 李：那是旧社会嘛，哪里待遇高就往哪里跑，又无所谓。
>
> 我：您意思是说民生待遇高些？
>
> 李：民生待遇不高。
>
> 我：那您又为什么从太古到民生了？
>
> 李：我是在太古，因为太古的船上有季节性，它的船有洪水船，比如云万（音），那是洪水走的，金堂、嘉定那是枯水走的，它工资只有半年。
>
> 我：您是直接考来的还是别个介绍的？
>
> 李：别个来找啊！那阵民生公司船务主任叫张华贵，他找，到处找，因为民生公司正在发展，要这些人。（民生公司）它的工资低些，但是有个好处是哪里呢？它的饭碗长期些，（其他公司）这些饭碗都是季节性的。哈哈。
>
> （李少亭，2009090901）

此外，在普惠和优厚的职工工资福利之外，需要指出一点，民生公司是一个股权分布较为分散的企业，部分职工还有股息收入。考察民生公司的股权分配比例，根据长航档案中"民生公司历年股份情况"的记载和严中平等（1955）的统计，整个民生公司的股权相当分散。1926年公司创立之初，有股东79人，共105股，每人平均1.3股，即650元（每股500元）；1931年股本增加到48万多元，分为962股，股东亦增加到288人，平均每个股东3.3股；1937年股本骤增到350万元，但股数则增加到35000股（每股100元），股东增加到749人，平均每个股东仅有46.7股（凌耀伦，1990：85）。1933年，在公司成立八周年纪念大会上，刘泗英发表演讲说道，"公司的各个股东，所入的股也莫有顶大的，据刚才的报告，至多也不过5万元。所以可以说民生公司完全是一桩真正的社会事业"（刘泗英，2016：59）。在持股人统计中，有所谓"其他"一项，指的是公司职工、学校团体和华侨等，但其中民生公司的职工占了主要成分。以1934年为例，根据公司九周年大会纪录记载，当年职工持股223股（当年总计股数2364股），占"其他"持股人的69%，在当年总股数中也占到了9.4%（参见凌耀伦，1990：84）。职工持股在1930年代的中外企业中也是比较少见的尝试，而且民生公司对职工持股有专门的鼓励措施：1930年公司制定了《奖励职工投资办法》，规定若职工不能凑足一股（500元），可以分期交付，公司认息或予以借款；若职工以月薪储积入股，公司津贴5%；有股东顶股者，职工优先购买（参见凌耀伦，1990：84）。此后抗战爆发，直到1938年，职工持股的比例还在持续增加（凌耀伦，1990：250）。也就是说，部分职工除了工资收入，还有股息这个收入来源，虽然持股职工数量不多，但人数比例不在少数，以职工持股的最高峰1938年为例，"小资产阶级"的持股者[1]占了全体股东的34.1%，占有公司当年全部股权的17%（参见严中平等，1955：232）。总的来看，虽然职工持股数量不大，但公司鼓励职工持股的态度以及职工持股人数众多的事实的确对职工群体中的经济地

---

[1] 当然这里的"小资产阶级"不全是公司内部职工。由于笔者未见到历年股东名册，无法估算其中职工持股者的比例。但根据凌耀伦（1990）的研究，直到1939年公司航运亏损之前，职工持股投资的热情都未减低，抗战初期职工投资仍在继续增加。本研究的访问对象之一马正浓即是身为职工的持股者。

位分化有减缓作用。

（六）良善而人性化的职工宿舍

按马克思主义的劳工社会学研究传统的经典解释，企业为劳工提供宿舍是资本主义劳动力再生产模式的重要机制和"工厂政体"的组成部分。美国社会学家布洛维（Burawoy，1976）曾对南非矿业和美国加州农业移民工人的劳动力再生产制度进行了比较分析，在他看来，企业为移民工人设置宿舍，意在将单身出外打工的移民工人与其远在异国他乡的家庭分隔开来，它同限制移民工人政治、社会权益的法律制度以及分割的劳动力市场等制度一起，服务于降低劳动力再生产成本的目标。宿舍旨在以最低的成本为单身劳工提供容身之所，满足劳动力自身再生产的日常需要；而劳工赡养老人、抚育下一代的需求企业统统不用考虑，只需交给劳工流出地的乡土社区来完成。沿着劳动过程理论的思路，当代中国学者任焰、潘毅（2006）进一步挖掘了宿舍在劳动过程中所起的控制作用，提出了著名的"宿舍劳动体制"的概念。他们指出，为应对全球化生产去地域化的趋势，当下中国南方大量企业需要对劳动力及其劳动时间进行灵活操控，他们利用宿舍对外来工人进行暂时性安置，将宿舍作为车间政体的延伸，形成了一种"劳动－生活"一体化的形态。宿舍劳动体制整合了劳动力的生产过程和再生产过程，从而更有效地实现了工厂管理权力对劳工日常生活的渗透，以便提高劳动效率和获取高利润。

无论是"宿舍劳动体制"还是布洛维的理论，都在勾勒一种"压制型"的宿舍，为资本服务的宿舍。然而，当我们进入中国的历史经验时却发现，以民生公司为代表的部分现代社会企业为职工提供的宿舍在 20 世纪二三十年代即呈现与这种压制型宿舍截然不同的面貌。其宿舍设施之良善、管理之人性化，显然不同于"宿舍劳动体制"概念所指的单纯为资本安置和规训劳动力的宿舍；同时，民生公司的宿舍也有自己的一套管理制度，它作为由他乡进城做工的第一代工人所处的生活空间，既是其劳动力再生产的空间，还是一个再社会化的场所，担负着工业教育和公民道德培育的任务，指向教化现代社会文明"新人"的目标。下面以民生公司劳工宿舍为例，探求这样的宿舍所具有的社会和政治意涵。

回顾中国的历史经验，可以看到，随着中国自清末开始自身的工业化进程，逐步建立自己的现代工厂制，要求大量劳动力集中到一起完成生产。虽然在部分乡村工业中，现代工厂制一度遭到了包买制的顽强抵抗（周飞舟，2006），劳工的生产和再生产还可以在农户家庭中完成，但总体而言，包买制未能在与工厂制的对抗中取胜，大多数农村剩余的劳动力不得不离土离乡，进入城市中的工厂。然而，民国早期大多数城市基础设施建设不足，房屋租赁市场未充分发育，劳工住宅难以通过市场租赁完全得到解决，即使在上海这样的现代都市，1926年仍有大量劳工还不得不"以草棚与破旧船只为家"，劳工住宅问题成为社会的重大忧患（朱懋澄，1935）。在此情况下，部分新式工业企业开始为劳工提供宿舍。

从前人的研究来看，尽管民国期间劳工问题属于社会热点，南京国民政府有关部门、高校学者、研究机构以及劳工组织曾组织过很多针对工厂生产条件、工人经济状况和生活条件的调查，有一系列丰硕成果（详参田彤，2011），但工人的居住状况一般只是作为工厂福利设施调查中的一项被简单提及，在一些学者的零星的个案研究中，有关民国劳工宿舍的状况更是众说纷纭。首先，有学者根本不认为民国时期的工业城市里存在企业为劳工提供的宿舍。例如，魏昂德（Andrew Walder）在对1980年代的中国工厂进行研究时曾回顾说："本世纪二十到四十年代……企业对工人除了非常低的工资之外什么也不提供。在许多情况下，一切通过包工头来进行。包工制非常普遍……棉纺织厂为某些职员提供住房，但工人没有份（只有在一些边远地区，例如矿区，是例外）。工人与工厂间的联系不仅很脆弱，而且往往是暂时性的。"（华尔德，1996：37）魏昂德正确地指出了包工制的普遍存在，但他在劳工宿舍的问题上却未能概观全局。事实上，民国时期举办劳工宿舍并非只是个别的边远厂矿。中国学者早期的劳工调查就提到了全国各地新工业的工人们的宿舍状况："国内有许多新工业，现在都为工人预备寄宿舍。"（陈达，1929：491）和魏昂德同一时代的研究者贺萧（Gail Hershatter）也指出，至少在天津市棉纺织工厂中，1930年代初产业界就兴起了取消工头制的风潮，而且在国有企业中建设包括宿舍在内的各种福利设施的工人社区是非常普遍的现象（Hershatter，1986：165）。韩起澜

（Emily Honig）、裴宜理（Elizabeth Perry）对上海近代企业的研究也表明，上海也有工厂为工人，尤其是女工提供宿舍（Honig，1986；裴宜理，2001）。《第二次中国劳动年鉴》中也称，青岛之民生模范国货工厂、上海各纱厂、石家庄之大兴纺织工厂、宁波和丰纱厂等，均建有宿舍，以较低之租金租予工人居住（邢必信、吴铎等，1932：177）。除工厂之外，有银行也为员工提供宿舍，例如叶文心所研究的天津的中国银行，也设有同人宿舍"津中里"（叶文心，2006）。曾研究民国知识群体职业与居住的胡悦晗（2018）也指出，近代上海许多大型企业或大学，例如商务印书馆这样的大型出版机构或大夏大学均备有职员宿舍或教职员宿舍，分配给单身职员或职员小家庭居住，以缓解其经济压力，并借此培养员工的归属感（江文君，2011）。

除了企业是否为劳工提供宿舍之外，学者们还关注到劳工宿舍的设施情况。陈达表扬了开滦矿务局的宿舍设施，"如唐山开滦矿务局的工人宿舍，设备比较良善"（陈达，1929：491）。叶文心称中国银行天津宿舍所在的"院落里一应俱全，环境清幽，设备之现代化远胜他处，所以除了上街买东西之外，各人的生活完全可以被包容在中行所建的天地里，远离都市的喧嚣与脏乱"（叶文心，2006：25—26）。当然，当时的劳工调查也反映出不少工房条件简陋（吴瓯，1931a）。可以想见，即使在提供宿舍的企业中，由于受各地地方市场状况、行业惯例、企业效益乃至企业家个人理念的影响，宿舍的居住条件、配套福利设施以及劳工居住其间所受的控制程度、所需承担的义务多寡各有不同。

宣朝庆等学者曾基于民国时期政府、学者对于解决劳工住宅问题的理念构想、政策设计以及劳工住宅建设运动的实践，勾勒了民国政府在劳工住宅提供方面的政策立法和体系规划工作（宣朝庆、赵芳婷，2011）。该文突出了政府在劳工住宅供应方面的介入和责任，虽然也提到了各地企业建设宿舍和劳工新村的情况，但在该文看来，企业仅是政府倡导的劳工新村建设运动的参与者。事实上，完全解决工业化时代日益庞大的劳工队伍的住宅问题，仅依靠政府主持劳工宿舍建设是不现实的。民国时期南京、上海、北平、长沙、广州、重庆等市政府也的确主持兴建了一批劳工住宅，但都是模范社区式的一些试点建设，并未大规模铺开（宣朝庆、赵芳婷，2011；赵洪顺，2007）。从民国时期的劳工宿舍建设的整体状况来看，大规模建设真正的主体还是各个"厂方店方"。

需要特别指出的是，抗战爆发之后，仍在国民政府掌控中的内陆城市的企业为劳工提供宿舍的做法日益推广，这其中有国民政府的立法推动，也有战争的特殊历史作用。在抗战军兴之后，随着沿海工业城市逐渐陷落，大量工商企业随国民西迁至西南腹地，劳动力市场趋紧，工人频繁跳厂成为管理阶层烦恼不堪的问题。① 工厂为了维持生产，必须保证劳动力的稳定供给，因此必须加强而不是减弱和工人的联系。我们不妨来看看《昆厂劳工》中史国衡所记录的昆厂"一位负责的先生"的感慨："他过去在外国留学的时候，在人家的工厂里面做实习，看见成千成万的工人按时进退，秩序井然。迨回国后，在上海也办过多年厂，工人完全住在厂外，下班的汽笛一响，工人退去，大门一关，当天的事情就算完结。不像现在内地办厂，工人们的饮食起居，以及一些与工作不宜直接发生关系的琐事，都得一一去照料……诸如此类的麻烦，真是过去在上海一带所意想不到的。"（史国衡，1946：155）在昆厂的人事管理方看来，为工人们照料饮食起居本是在上海这样的工业发达的大城市可以避免的琐事，而在抗战时期，沿海工业发达地区的技工随着工业大迁徙也在往内地迁移，无奈内地城市的基础设施不足，劳工的生活服务设施也不能满足工人的实际需要，而同时厂方在紧缩的劳动力市场之下体验到"这个时期的工人，物稀称贵"，技术工人不但数量不足，还喜爱转厂，以至于国民政府不得不对技术工人转厂进行管制。企业迫于劳动力市场供不应求的压力，不得不担起为工人提供宿舍的责任。从这里企业管理方的抱怨可以看出，对于企业是否为劳工提供宿舍并承担宿舍管理责任，当时大概并未有直接的强制性规定，企业界也并未有一致性的认识，只是昆厂在劳动力市场紧缩的压力之下，为了降低工人

---

① 以我采访的民生公司老员工周永清为例，他曾经就职于合川的国立第一制药厂下属麻醉药厂，因苦于工厂管理过于严格，换到位于泸州的冠生园做糕点，最后成功被录取为民生公司茶房，不再换工。他认为之所以当时频繁换工，是"那阵年轻，想跑，到处要……（而在民生公司工作）可以走上海"（周永清，20150509）。

的转移率，不得已而为之。

重庆作为 1890 年代才开埠的内陆城市，工商业发展本来远远落后于沿海港口城市，1929 年的统计中，各业工人仅 12000 多人（刘大钧，2010：830），但在抗战爆发之后，随着国民政府 1938 年底西迁重庆，大量工矿企业也选择了内迁，据统计，迁入重庆的民营厂矿就有 233 家，加上迁渝的 10 家军政部所属兵工厂，内迁工厂总数达到 243 家（周勇，2002：1009）。由于大量的技术工人也从沿海工业城市迁移而来或招募而来，为他们提供宿舍也成了一项日益紧迫的任务。根据重庆市档案馆提供的资料，1939 年之后重庆各工商企业自建宿舍的渐渐多了起来，1938 年以前设有员工宿舍的企业宿舍多为租赁，1938 年以后开始动土兴建员工宿舍。总体来看，除中央机关与市政机关设有宿舍之外，设宿舍的企业组织包括大型国有企业（如招商局轮船公司、中国毛纺织厂等），军工企业（如兵工署第十、第廿二、廿三、廿四兵工厂以及炮兵技术研究处等），官商合办企业（如兴业公司）或者是经营状况好、员工众多的大型民营企业（如民生公司），尤其是财力雄厚的中外银行（如聚兴诚银行、金城银行、美丰银行、交通银行、中央银行等）。1939 年底，重庆成为战时陪都，国民政府本有督促倡导建设劳工宿舍之意，制度环境特殊；客观上西迁而来的下江工人、职员及其眷属也需要宿舍栖身，因此举办劳工宿舍的企业不在少数。根据国民政府社会部 1947 年底的统计，重庆当时的 1358 家企业中，有 241 家提供劳工宿舍，82 家提供眷属宿舍，数量居全国各省市之冠。民生公司作为民国时期的企业中劳工福利优厚、劳资关系和谐的典范，其宿舍也是在公共空间中实践现代文明教化理念的舞台，可谓是劳工宿舍的模范。

首先，作为一位相信"中国的根本问题是人的训练"的教育家，一位主张"超赚钱主义"的实业家，卢作孚主持的民生公司的职工宿舍也都带有劳工教育的目的，服务于塑造现代公民的目标，这决定了民生公司的宿舍一开始就带有劳工教育的长远规划。其次，这里的现实条件是前文述及的民生公司经营良好，尤其在与外国资本的市场竞争中取得了有利位置，成为行业市场的领导者，效益有了保障。企业利润的稳定增长也为其建设宿舍以及开展宿舍中的"育人"活动提供了有利条件。最后，民生公司的宿舍建设和职工文化建设一样，都源自对劳工的尊重，服务于塑造有尊严的劳动者、有荣誉感的职业共同体之总体目标。可以说在民生公司企业建设的蓝图中，职工不仅作为有价值的劳动力而存在，更作为自尊而文明的现代人而存在。

具体到劳工宿舍的设置，重庆民生公司的劳工宿舍是逐步建立起来的。公司成立之初，卢作孚就有建设职工宿舍的理想，但一开始并没有获得董事会的支持。尽管如此，总公司也仍为普通职员提供免费住宿。

陈：（我）有间铺。有些人就在办公室打铺盖卷，早上起来就裹起来塞到柜子里头。

我：你本人呢？

陈：我是在集体宿舍安了铺的。

我：哪个宿舍？施家河吗？

陈：那阵只得二三十个人，宿舍嘛就在（办公）楼顶上，就是加的一层。那阵是，一二三四，四层楼，我们加层楼等于是五层楼。

我：一间屋住几个人？

陈：记不到。大概七八个人吧。

我：都是年轻娃儿？

陈：都是年轻娃儿，一般那阵在公司住宿的还不多，那阵只得两桌人，后来发展到三桌，好多是在当地住家的，他就回家吃了。

（陈代禄，20150509）

到 1938 年，也只建起了部分高级职员居住的民生新村。诸多年轻单身职工的住宿问题则通过设立单身职工宿舍来解决。公司陆续在铁板街、施家河、滩盘、望龙门等地通过租借民房或修建简易住宅的办法，设立起了单身职工宿舍。职工无须负担房租水电费用，一切费用都由公司负担。有的宿舍离办公地点较远，来往交通费也由公司承担（凌耀伦，1990：150）。宿舍还有公司专派的茶房负责打扫、洗衣和日常管理。职工生病时茶房还代为煎药，照顾起居（冉云飞，2007）。各个员工宿舍的条件虽然简单，但也还比较完善，以较早期的铁板街宿舍为例，"好像是四人一间。比学生宿舍可能要好一点，有食堂、活动室、图书室、乒乓室、澡堂都有"（刘本祥，2009111001）。后来修建的施家河宿舍规模更大，据老职工杨辛老先生的回忆，"那边一排一排的房子，比较简易，还是很整齐的……那个宿舍区里头也有读报室这些，还是比较整洁。也有草坪"（杨辛，2010051901）。而住在滩盘宿舍的女职工张宜芳则回忆，她们也有公司出钱请的女工照顾起居。

> 我：宿舍条件好不好？
>
> 张：还可以。我们三楼的住了有一、二、三……有五个房间，住了二十来个人，有三个女工专门给我们洗衣服，烧开水。
>
> 我：是公司的女工？还是你们自己请的？
>
> 张：公家请的，她们也是正式职工，是服务员。
>
> 我：洗澡是热水吗？
>
> 张：洗澡也有，洗澡就在一楼，二楼也有男生宿舍，也有女生宿舍，三楼就是女生宿舍。
>
> （张宜芳，2010050502）

除去良善的宿舍条件，民生公司还专门设有"训练委员会"来指导年轻职工"支配工作娱乐运动等时间"。为了方便在职工中开展"现代集团生活建设"，开展劳工教育，民生公司希望单身职工尽量住宿舍。在重庆档案馆查到的一份年代不详的《民生公司宿舍规则》（档案号0328＊1＊5）里面明确要求："非有家庭在本城者不能在外住宿。"从效果上看，这样严格的训练程序一方面是对员工集体生活习惯、集团感情的全面培养，另一方面也帮年轻职员培养了良好的个人爱好和健康的娱乐消遣方式。练习生阶段过去之后，宿舍管理稍趋松弛，但也有很多集体活动，一派活跃的景象。刘本祥回忆，1937年夏天他还未进公司，作为在重庆赶考的青年学生，寄宿在表哥的铁板街宿舍，看到"大约住了四五十人，都是年轻的单身男职工，晚上看到他们回到宿舍或打乒乓球，或唱歌下棋，或阅读书报，欢声笑语，生气勃勃，十分活跃"，"我在那里借住了几个晚上，经常听他们哼唱岳飞的《满江红》这支歌"（刘本祥回忆录，内部资料）。爱好唱歌的施家河86号宿舍组织了一个"86号歌咏队"，民生公司相当支持，还花钱请歌唱家盛家伦前来指导（马正浓，2011111101）。不会唱歌但爱好朗诵的杨辛老先生则回忆，施家河宿舍设有图书馆，夏天还常组织戏剧演出。

> 杨：金山的《雷电颂》，那时候很有名，我就专门学他那个《雷电颂》，施家河到了夏天就举办晚会，我那时候还表演朗诵《雷电颂》，学金山的语气："劈吧！"

> 我：那您的记忆力真是非常好。

> 杨：那时候《雷电颂》全部能背下来，那时候施家河的宿舍专门开辟了一个草坪，草坪可以在那里活动。那个施家河宿舍有个管理，也算是一个图书馆的馆长，这个人还在北大进修过，叫赵静侯（音），他在北大图书馆进修过，他回到民生公司就管理图书，那时候我们都叫他叫"老兄"，他就叫我们"老弟"，他有一帮老弟。他就在那个地方管理宿舍。这个，所以那边那个生活……

> 我：还是蛮丰富多彩的。

> 杨：哎，有时候还请剧院里京剧的演员到宿舍去清唱。那时候我也喜欢京剧，有时候也可以插进去唱一小段。看来那个时期民生公司的职工生活不是说下班以后就什么都不管了，还是让你有点文化生活。也还是注意安排这些。包括防空洞这些，因为它那里都得要考虑，晚上敌机来了，日本飞机来了要怎么进防空洞。

> 我：民生公司自己准备了一个防空洞，是吗？

> 杨：一般就在就近的地方挖一个防空洞。

> 我：您刚才提到的晚会是公司资助的吗？

> 杨：那是宿舍区的管理通过一些熟人，也花不了多少钱。

> 我：总之就是作为你们职工不用费钱？

> 杨：哎，不用，不用。

> （杨辛，2010051901）

对民生公司的宿舍管理方式，似可这样总结：民生公司宿舍接近一种文化空间，其特点是重视职工文化教育、强调团体生活，通过积极设置各种集体活动来提升劳工素质、培育群的情感，既预防了风纪问题，又实现了劳工教育的目标。

人的转变的问题是现代化转型中的核心问题。北京大学著名的社会学家陶孟和亦主张在制度变革之前先了解社会实际的构成，关注人民的情形。其发表于《新青年》的《对中国的人民的分析》一文概观中国当时的农工商士各群体，认为从智识、闲暇、力量各方面看，中国尚没有足以支持共和政体的人民。因此，"现在不要空谈（民治的）理想了，先去设法造有资格的人民。所谓实际的政治家就是知道人民的情形的政治家"（陶孟和，1996：27）。费孝通先生则从魁阁时期到晚年都在关心着新工业兴起之后，从农民到工人如何转变的问题（参见闻翔，2013）。现代工厂制度为培养工人的现代性提供了契机，英格尔斯曾经指出，现代工厂给人带来计划性和效能感，工厂在培养人的现代性方面是一所学校（英格尔斯，1985：127）。同样，我们这里看到，在民生公司以宿舍为基地开展的集团生活中，大体也是以整洁、有序和强身健体等文明生活习惯为旨归。职工在这样的公共空间之中，除了讲卫生、重秩序的生活习惯之外，还可以学会在现代社会中如何民主讨论、相互合作，进而为发展共同的社区情感提供基础，给机器时代的人心提供一个安放之处（闻翔，2013）。推而广之，在向现代工业文明转型的国家中，民生公司这样的劳工宿舍作为进城农民在城市中的栖身之所，也可以成为培育人的现代性的一个机制。利用工人集体生活的机会，宿舍可以发挥更丰富的社会功能——它可以作为人的现代文明教化的试验场，成为培养现代公民的自治空间和孕育群体团结的文化空间。

此处可以用压制型农民工宿舍作为反面参照，这些曾经在民国模范劳工宿舍中活跃着的现代化教化的因素不见了，它除了管控劳工身体、挤压劳动时间、破坏劳工团结之外，对身居其中的"人"如何感受、怎样发展无所用心。它只是资本规训工人的空间，一种方便获取劳动力资源的手段，它的目标是为资本的弹性用工提供服务，不是从根本上解决劳工住宅问题。而只要存在流动的劳工，对劳工宿舍的需求就还会存在，抛弃宿舍显然为时尚早。也正因为如此，在批判富士康式的劳工宿舍之余，应尝试参照中国自己的工业史传统，为职工宿舍寻求可能的变革方向。反观中国的劳工史，我们发现民生公司这样的模范劳工宿舍建设经验是一笔宝贵的遗产，对探索社会主义转型时期的劳工居住空间建设具有重要的借鉴价值和启发意义，为突破"宿舍劳动体制"的困境提供了帮助。在积极的制度环境下，宿舍可以作为一种现代文明教化的空间，在劳工教育、巩固团体以及劳工自治培育等多个方面发挥潜移默化的作用，它可以成为培养有道德的现代人的学校，培养公民民主习惯的试验场，孕育群体情感和职业团结的基地。民国时期模范劳工宿舍提示今天的劳工政策制定者和企业建设者，应当在尊重劳动者的基础上重视其居住空间，利用劳工宿舍提供的公共生活机会，将劳工的居住空间建设成孕育群体团结的文化空间和培养现代公民的自治空间，从而为解决劳工住宅问题、建设和谐的劳资关系发挥更积极的作用。

第二节　在群的生活中造成群的情感

上一节介绍的是民生公司在现代集团中为造成成员的相互依赖所做的努力，这是影响人心向背的重要物质基础和制度保障，前辈学者也对此有所关注（参见马昌铭，1983；凌耀伦，1990；高超群，2008；等等）。但无论是劳资和谐论还是科学管理改革，都不足以全面概括民生公司所做的开创性工作。尽管劳资和谐、科学管理、提高效率都是民生公司的目标，但其为职工提供优厚待遇并不是为了缓和劳资矛盾而被动地资方让利，而是主动地进行制度创新，有意识地造成职工对公司的依附，塑造集团的生活习惯。"集团的生活运动"是卢作孚提出的"民生公司的三个运动"之一。他指出："成功绝非个人，只有集团。民生公司便是一个集团。我们在这个集团当中应该抛弃个人的理想，造成集团的理想，应该抛弃个人的希望，集中希望于集团。不但我们的工作是集团的，天天进我们的办公室或工场去；我们的学问亦是集团的，天天进我们的图书室或演讲会场去；我们的游戏亦是集团的，加入我们的音乐会和球队去。"（卢作孚，1999：223）也就是说，卢作孚希望在民生公司这个集团中，从工作到学问，再到娱乐，人人时刻为集团的生活所包围。

（一）无所不包的群的生活

甘南引在 1934 年的人事报告中提出，"本公司处理事务，常以群的意见折中处理之。对于职工，常以群的意义训练之"（甘南引，1934a）。

下面我们来看民生公司的工作怎么以群的原则来开展。

首先是会议。会议是民生公司《训练纲要》中"集团训练"的第一项。民生公司崇尚会议，在卢作孚看来，会议制度是"用群的力量处理事务"，体现民主精神，既可以锻炼人才的公共表达，本身亦是一种群的生活训练方式。开会"系集合公众意见，实施团体训练，养成合群美德，故凡宣布一事，或解决一问题，必须以开会方法办理之"（罗绍衡，1934）。针对"民生公司会多"的意见，1933 年 4 月第 19 期《新世界》上特意刊出了卢作孚编辑整理的一组文章——《几封值得注意的信》，其中有上海分公司经理张澍霖写给他的一封信，题为《会议制度为新时代新事业之所必须》。信中写道："弟彻底明白会议制度之重要，既可以集思广益，去除误会整理工作，又可以宣传公司意义，练习在公众中发表主张，养成敢于在团体中提出异于他人之见解。凡此一切，均为新时代新事业之所必需。端赖会议制度之陶融、训练方能长成者也。"（张澍霖，1933）这封信等于是卢作孚借属下之口为会议制度正名。

民国时的金融家刘航琛晚年忆及，曾任盟军中国战区第二任参谋长的美国将领魏德迈提到，中国懂得民主的有傅斯年和卢作孚（沈云龙等，2012：171），而民主的精髓也体现在会议上。当法西斯主义抬头之后，民生公司内部《简讯》在 1938 年 2 月 22 日曾专门刊文《谈会议制度》讨论会议之民主如何胜过独裁，指出"会议原是救正独裁的，独裁凭一个人的意思，难免有思虑不周，感情用事之流弊。所以要集思广益，大家作理智上的研讨，其结果自较妥善"。

根据甘南引 1937 年的报告，全公司的会议形式主要包括："（1）主干会议，总分公司办事处及各轮，均有主干会议，系由各部主干人每周开会一次，用会议方式处理事务，以免独裁之嫌。（2）处务股务会议，总公司有处务会议，各分公司及工厂有股务会议，解决处股间之问题。（3）各种小组会议，视事务之性质及其繁简如何，临时召开各种小组会议，解决问题。（4）朝会，总公司有朝会，每周一、三、五三日上午八时举行，由各处股报告工作状况，各分处亦有举行朝会者。（5）联席会，总公司有联席会，每日晨九时由总经理召集，出席者为总、船、业、会四处主干人，商讨本日进行事宜。（6）各分部联合会会议，船至某埠发生问题，常有分公司办事处与船员举行会议解决者。此种会议多不定期，但次数甚多。"（甘南引，1937）

在我对民生老职工的访问中，多次有人提到形式活泼、短小精悍的朝会。自1932年10月8日第一次朝会召开，朝会就成了民生公司一个固定的制度，多时一周三次，最少一周一次，总公司的所有练习生以上干部都要参加。这既是各处室交流工作、加强联系的机会，也是员工集团意识教育的平台。据陈代禄老先生回忆，朝会之前还有一个唱歌的环节，他负责教歌，主要是唱抗战歌曲，"那阵最早的时间主要唱的是'怒发冲冠'（即《满江红》——笔者注），后来是《大刀进行曲》、《义勇军进行曲》"。"我只能用一句话来形容朝会的效果：每个职员（不包括茶房一级），几乎没有一个人愿意缺席一次朝会。因为每一次朝会大家都感到愉快，有收获"（陈代禄，2010021101；陈代禄回忆录，内部资料）。在李桐先（1936）的《朝会素描》中，我们可以看到一种既活泼又神圣的群体气氛。"民生巨厦的五楼，是庄严和光明荟萃的顶点，是民生健儿精神训练的所在，是朝会场，是神圣地啊！"会前主席宣布全体起立，唱《前进曲》，于是在风琴的伴奏下，大家齐唱："前进！前进！整备武装前进！""时代底尖锐的呼声已如山洪暴发般的开始了。空气中振荡起健儿们心房颤动的声音，热血澎湃的声音，以及雄勇奋发，豪迈俊激各种情绪交奏而成的嘹亮洪阔的声音。好像会场也成了战场了。"歌毕之后四位来自不同部门的职工做报告，分别为编辑股新闻报告、船舶股工作报告、港务股工作报告和燃料股读书报告，每人十分钟，训练有素的报告者不慌不忙，"鼓动起蓬勃的生气，谁都兴奋，谁都欢快"；继而主席也来一个五分钟的"短隽透辟"的结论，并介绍客运股、会计股、机务股、庶务股四位"憨跳活泼"的青年朋友给大家认识。最后，仍以齐唱抗战歌曲《挽救祖国》结束会议。"这是我们献身的时候！弹尽飞，血尽流，奋斗！奋斗！""严肃的气氛重新笼罩着整个的会场，重新包围住每个健儿的心房。前进呀！大家一齐驰骋在大时代的疆场！"

卢作孚曾指出："此会的意义，在使各部相互了解每日进行状况，并促其进步；在使了解各部每一个人办事的方法和其结果，有无善状……各股都应照此把所做的事，在朝会中报告出来。此外即本公司全体职工的生活方面，亦须注意，尤其是公司内一般青年，其能力见解，有无进步，也应该就此机会，去想办法，总期使其每日都有进步。"在朝会上，总经理卢作孚为练习生解答人生的难题，业务处经理邓华益宣讲他的社会理想，襄理杨成质在这里报告考察聚兴诚银行的收获。除公司干部以外，杨森、梁漱溟、黄炎培、马寅初、郭沫若、沈雁冰等社会名流学者都先后到朝会来做报告，给民生公司的职工们留下了难忘的印象。

在各种会议之外，公司还专门设有"训练委员会"来指导年轻职工"饮食起居生活状况"，"支配工作娱乐运动等时间"。这个做法源于卢作孚1933年提出的"团体生活的整理"："现在决定将练习生等另行编制移住。从今天起，永远下去的是每晨六钟半起床。在半钟以内将寝室整理完竣。七钟赴运动场。除工作时间外，晚间，或读书，或娱乐，都可自由，但是外出须得请假。早晨的时间，较前亦稍有变化，每周的一三五有朝会，时间是八钟半至九钟半。报告方式，每股每人至多限十分钟，全体只需要一点钟。余三天上课。星期一的讲演会，星期五的读书会，都移到晚间。午后六时至八时，是娱乐时间，方式不一定。除办航空班而外的人员，分组的读书会，全体加入。"（卢作孚，1933）

这个问题可以分空间和时间两方面来看。就空间上看，随着前述单身宿舍的设立，练习生有条件全面移住在一起，形成了一个公司可以全面监督管理的空间；从时间上看，练习生的时间全都是公司来筹划安排的。在卢作孚提出整理团体生活的动议之后，1933年11月21日民生公司的全体职员大会就通过了一个"民生实业公司每日工作娱乐时间分配表"，现照录如下（见表3-7）。

表 3-7　民生实业公司每日工作娱乐时间分配表

上午	星期一	星期二	星期三	星期四	星期五	星期六	下午	星期一	星期二	星期三	星期四	星期五	星期六	星期日
6：30—7：00	起床洗面整理	同前	同前	同前	同前	同前	1：30—5：55	办公	同前	同前	同前	同前	同前	办公（2：00—6：00）
7：00—8：00	上课	运动	上课	运动	上课	运动	5：55—6：30	晚餐	同前	同前	同前	同前	同前	
8：00—8：30	早餐	同前	同前	同前	同前	同前	6：30—7：30	讲演会	读书娱乐	读书娱乐	读书娱乐	读书会	读书娱乐	
8：30—9：30	朝会	上课	朝会	上课	朝会	上课	7：30—8：30	读书娱乐	同前	同前	同前	同前	同前	
9：30—12：30	办公	同前	同前	同前	同前	同前	8：30—9：30	自由休息	同前	同前	同前	同前	同前	
12：30—1：00	休息	同前	同前	同前	同前	同前	10：00	摇铃灭灯	同前	同前	同前	同前	同前	
1：00	午餐	同前	同前	同前	同前	同前								

资料来源：《本公司训练委员会议记录》，1933：49。

可以看到，通过一种细密的时间划分[1]和事务安排，公司练习生的起居的确进入了一种全面的"指导"之下。在总体时间分配服从集团安排的前提下，练习生可以在个人读书娱乐的取向上保有一定的个人偏好，表 3-8 列出了他们晚间可以选择的读书娱乐项目。

---

[1] 现代工业全面改变了人们的时间意识，埃利亚斯对随着现代工业社会而来的时间精密化的需要与可能有过精彩的描述（李康，1999b：350—352）。马克思主义学派的社会学家也关注劳动与时间的关系，将其与剥削、控制等概念相关联。笔者认为，尽管直观印象是练习生的时间陷入了公司的全面掌控，但此处不应急于套用马克思主义的框架，因为练习生的工作时间并未延长，只是如何支配公余时间不能随心所欲，而需按公司要求进行团体的学习或娱乐活动。对民生公司而言，此举的目的也不是追求利益，而是寻求在集团的活动中培养群的意识和能力。

表 3 - 8　民生实业公司公余时间支配表

	下午 6：30—7：30	下午 7：30—8：30	备考
星期一	讲演会	京剧，棋类，读书	
星期二	读书，棋类	新剧，雅乐	
星期三	棋类，读书	棋类，读书	写航空信者不加入
星期四	京剧，棋类，读书	英文谈话会，雅乐	
星期五	读书会	新剧，雅乐，棋类，读书	
星期六	棋类，读书	棋类，读书	写航空信者不加入

资料来源：《本公司训练委员会议记录》，1933：50。

由表 3 - 8 中可见，民生公司提倡的娱乐项目也是中西结合，传统与西方的高雅娱乐都兼收并蓄。尽管集团生活提倡现代化，但传统文化仍被视为一种值得尊重、有益于职工个人修养的文化资源。保留这一点选择兴趣的多样性和自由是至关重要的。布洛维曾经对于工人的"同意"有一个精妙的分析："在劳动过程中，同意的基础在于活动要组织得好像工人真的能有选择，不管这些选择已经限制得多窄。还是因为参与了选择，同意就产生了。"（布若威，2005：150）绝对的强制产生不了认同。民生的练习生们尽管不得不加入这些晚间集体活动，但却可以自由选择参与棋类还是读书活动，欣赏西方的雅乐还是传统的京剧，爱好得到了尊重。

所谓训练委员会的指导并非虚言，由处室主干人员组成的训练委员会成员每天都承担轮值的责任。根据《新世界》第三十五期的介绍，训练委员会委员每晚六点到次晨八点半当值，其作用是负责督导晚间活动并监督作息。六点半到八点半，他们要查看各组游艺活动并照料读书，"八时半摇铃后，解散，自由休息一小时，其在家住宿者，得于此时回家。其在公司住宿者，九时半回公司……晚十时，在各宿舍清点人数"（《本公司训练委员会议记录》，1933）。

当时每日的训练都有主干人员轮值，宿舍有名册，作息有考核，练习生每天可自由支配的时间很短。在重庆档案馆查到的一份年代不详的《民生公司宿舍规则》也体现了这种对员工时间安排、行为举止进行全面管理的思想。里面明确要求"凡住宿公司人员因特别事故必须外宿者须具书面交负责管理人请夜假"，"非有家庭在本城者不能在外住宿"，"宿舍内不得读书写字及其他任何游戏"。从效果上看，这样严格的训练程序一方面是对新进公司员工的集体生活习惯、集团感情的全面培养，另一方面也帮年轻职员培养了良好的个人爱好和健康的娱乐消遣方式。我们在《昆厂劳工》中了解到，由于昆厂工人的家庭不在附近，又无充分的娱乐设备以供休闲，在公余时间里工人们流于烟赌、败德违纪，成了工厂"人事管理上的大负累"（史国衡，1946：106）。而民生公司的底层员工也是单身的青年男性居多，却没有严重的风气问题，应该说这些严格的集团生活训练也有功劳。从练习生们的反应来看，这种朴素而又紧张的生活似乎也并不引起他们的反感，倒是有一种进取的热情和对集团事务的关注。一位署名为"土调"的作者写下了描写宿舍生活的诗歌："人和宿舍与苍坪，午夜机声杂诵声，最是滩盘风景好，卷帘梳洗数归轮。"（土调，1934）

对高级职员而言，虽然在时间管理上较为宽松，但他们也有一个全面的群的生活的空间——民生新村。

> 1938 年秋之后，先期建起了若干栋带花园的独家独户的平房，解决主要干部的住宿问题，以方便他们在任何情况下就近会集商议公司日常事务……新村最初规模不大，后来增建了新房逐步扩大，公司的主要干部基本上都住了进来，连同其他职工和家属在内，至少有两三百人之多……在新村里面逐年建起了消费合作社、民生小学、印刷厂、挑水房、小操场、篮球场，还有公共绿地和花园。新村大门外还建了一所民办医院。（李邦徽，2007）

在新村中，通过职工的聚居，在空间上凝聚成了一个民生公司职工共同活动的区域。新村里的几百人口，男性家长同为民生职工，一起上下班；妇女一起劳动、消费；孩子们一起上学、娱乐，真正围绕职业群体建立了一种集体生活的组织形式。除重庆以外民生公司宜昌分公司亦建有新村，建其负责人冉庆之说，在新村里，"如此庞大的一个聚集"，目的是"要创造相互依赖的生活，要使中国人从前专依赖家庭及邻里朋友的观念，一变而为领带一个共同的组织及国家，以为这样的生活，当于一个新的组织中求之"（赵晓铃，2006）。

除了民生新村和单身职工宿舍里那种依托于一定空间的集团生活之外，公司的集团生活还在各个层面上展开。无论在学问认识还是在具体的娱乐活动、体育运动、一般生活之中，公司皆倡导"集团"的概念，着力于社会性、"群性"的培育。就整个公司而言，有全公司的体育训练、游泳和球类比赛、歌咏队；从各个部门来说，有促进内部团结的小型的集团活动，例如各处室各船之间互相参观或组织郊游；或者公司也会组织某个工种的所有员工进行统一的活动，如茶房集体参观。我们经常读到"团体旅行"、"团体参观"、"团体娱乐"、"团体游泳"，乃至"集团结婚"。

总的来说，集团生活的形式多样，不拘一格，集团聚合的方式可能是公司安排的、基于业缘的，也可以是基于趣缘的、个人自发组织但得到公司鼓励的。如前文所分析的，这样一种灵活多样的集团活动方式等于是形成了一个个边界不同的小集团，集团边界的多重化可以避免在同一种人群边界上反复切割（反例可参见《昆厂劳工》里所反映的职员与工人之间的矛盾，史国衡，1946：102、112），有利于融洽纵的横的各种关系，从而在整体上促进了公司的集团生活建设。

杨辛在施家河单身宿舍居住时与马正浓床挨着床，虽然他们两人一个在船务处油料股，一个在总务处人事股，但是年龄相仿，又同为练习生，在朝夕相处的生活中成了好友，友谊一直保持了70多年。马正浓非常爱好唱歌，他和以前宿舍①里几个小伙子自发组织了"86号歌咏队"。

　　马：我们那阵在民生公司，上班了，每天都是陕西街，朝天门这一截，早上五点钟就起来，就在街上去，大家等于是自由组合，就唱抗战歌曲哟，什么"向前走，不退后"，"生死已到最后关头"那些。
　　我：五点钟起来就去上班去了？

---

① 这里的宿舍应该不是施家河宿舍，因为后来马正浓老先生对笔者说他们的歌咏队"又搬到了施家河"，因此杨辛老先生在歌咏队组建时应该并非他的室友，因而也并非86号歌咏队成员。杨辛更爱好戏剧，有时会参与施家河宿舍外公共草坪上的京剧演出。

　　马：啊，那阵年轻啊，十几岁嘛，十八岁。

　　我：大家都很有干劲？

　　马：那阵民生公司朝气蓬勃的呀。我们寝室大概有六七个人，是86号寝室，我们就叫86号歌咏队，发展很快，附近的银行哦，几个单位的年轻人都来参加，那阵请的盛家伦，是一个搞声乐的来教我们唱歌，那阵民生公司花钱请来。

　　我：你们这个86号歌咏队纯粹是自发的？

　　马：哎，自发的。

　　（马正浓，2010050701）

　　对于歌咏队这种职工自发组织的健康的集团生活①，尤其是对于鼓动民气的抗战歌谣合唱，公司是非常鼓励的，还专门予以经费和场地支持。陈代禄曾向记者回忆："1936年，百代唱片公司到重庆录制川剧唱片，得到了民生公司的大力资助，公司不但为他们提供了食宿，还专门腾出两间房屋改装成录音棚。为表感谢，唱片公司提出为卢先生灌一张演讲的唱片，但卢先生没有答应，在我的建议下，卢先生同意让他们为民生公司合唱队灌一张唱片，最后，灌了《义勇军进行曲》、《热血歌》，还有我们公司自己的《少年义勇队队歌》。"（李练，2009）杨辛老先生指出："当时卢作孚注意对职工的教育，和旧的企业就是完全当成一个雇工来使，有点不一样。这个和民生公司的发展还是有关系。"（杨辛，2010051901）马正浓和杨辛老先生回忆说，一开始唱歌训练是在重庆市滨江大楼5楼上，那时候请来教歌的都是盛家伦等著名音乐家，除了抗日歌曲，也教抒情歌。杨辛老先生还记得，他也跟着马正浓去玩过几次，盛家伦在那里教："门前一道清流，夹岸两垂柳，风景年年依旧，只有那流水一去不回头。"后来滨江大楼被炸了之后，86号歌咏队就搬到了施家河，马正浓老先生今天谈起来仍意犹未尽。

---

　　① 在对陈代禄老先生的第二次访谈中，我曾经称歌咏队为"娱乐团体"，陈代禄老人特别加以纠正："不叫娱乐，就叫集团生活。民生公司本身是个集团，是个事业，就是个集团。工作是集团，生活是集团。生活之余的个人生活也是个集团。民生公司股东和职员是个集团，以后家属也成了集团。"（陈代禄，20100211）

马：歌咏队还在，名字就叫"施狮歌咏会"，就是我们在施家河做狮子吼。

我：等于开始是一个自发的自娱自乐的组织。

马：哎，自发的。那阵是怎么一个情况呢。第一个年轻，活跃，第二个民生公司也放纵我们，甚至支持我们搞这些名堂，它甚至提供方便，给钱、请人，外面请的人呐。

（马正浓，2010050701）

马正浓老先生认为，民生公司的集体活动组织得好是它的一个优势所在。

民生公司这点搞得好，礼拜天它都组织活动，当然不勉强你，你有家里面的，个人回去小家庭可以，你如果没得家庭的，参加集体活动也可以，或者你出去参观，它有很多附属事业，这个厂啊，那个厂啊，北碚啊，民生厂啊去参观，参观了还管你吃顿饭，吃得很好的，交通费也（不用交），送你回来。或者是打球，或者是骑车，骑马转山哦，汪山，黄桷垭，也公司付钱，自行车也公司付钱。那阵重庆的马很多，马娃儿一喊几十个来，牵起马来……集体活动全部是公司报销的。专门有个人管。（马正浓，2010050701）

集团活动除了文娱、休闲活动之外，另一个至为重要的方面是员工运动。不难想象，在这样一个职工数以千计且以青年男性为主的企业里面，体育健身本就广受欢迎，再加上民国时期对国民体魄的异常关注，体育活动还获得了一层政治、道德上的重要意义。通过体育训练，正可以从根本上"练民筋骸，鼓民血气"，有"壮佼长大，耐苦善战"之民，才有合群立国、保种保教之基础。此外，体育运动，尤其集体项目更是培养群的习惯的好机会。1933年，人事经理甘南引专门著文谈到中西社会体育活动的区别："西洋社会人士的活动，是群的活动，是男女在一块儿活动，中国人是个人的活动，是单调的活动。"因此，民生公司"要作群的团体的体育运动"。他将群的体育运动视为训练青年、培育群力的一种手段，他设想："每日早晨六时半一律起床，七时正出发。东水门外的河坝就是天然的绝好运动场。即使现时长江水势尚大，未能完全现出，但上下东水门的数百坡坎，也尽够参加的人出一身臭汗，等于运动了。若遇礼拜日，则出城与学校联络。借其运动场，或加入运动。公司的主干人，于这种群的运动中，对于训练青年朋友，想寻出一点新的意义，更能产生较大的有组织的集团运动，因而影响到社会上去，使其他各集团亦能受影响，自动的要求做集团的运动，将来由各小集团而成为大集团，更进而为整个的有组织的一个总集团。"（甘南引，1933）

民生公司对游泳和球类运动特别重视。游泳技能对于从事航运者其重要性自不待言，公司积极鼓励员工学习游泳，不当旱鸭子。凡民生公司职工，周日可以到青年会游泳池免费游泳，茶房和水手则必须限期学会。为了激发大家的热情，公司还多次发起集体训练和比赛，一起学，一起比。1936 年夏，连续好几个周日，总公司全体茶房都集体去河边学游泳（《茶房集团活动》，1936：42）。

民生公司足球队水平尤其了得，曾被重庆媒体称为"执重庆足坛之牛耳"（《重庆晨报》，2009）。前面提到的陈代禄是足球场上骁勇的前锋，作为民生足球队的教练和队长，其球星事迹还登载在《新世界》上，"夫子池边好战场，二陈（陈君道纯善守，陈君代禄善攻）攻守并称王。"（土调，1934）。翻阅《新世界》，我们还看到 1934 年民生公司足球队四比一战胜法国轮船公司水兵球队的记录，这场胜利大大提振了民生公司青年员工的士气乃至民族自信，让场上球星陈代禄发出了"洋国人的本事也不过如此"的感叹（陈代禄，1934）。

杨辛所在的船务处办公地点并不和其他处室一样在总公司，为了方便和船只联系，船务处的办公地点后来就设在朝天门码头。船务处的同人周日也时常有集团活动，根据《新世界》的报道，1934 年 10 月一个下雨的周日，船务处同人六点半即已集合，先是检查各员办公桌，而后"开会讨论生活习惯上的严肃整齐各种问题"。会后"即开始练习跑楼梯，以跑得快，跑得无声响为标准"。"跑一阵，唱一阵歌。大家个个精神焕发，兴高采烈。

直到十二时半摇午餐铃，方才罢休"（长厚，1934）。从这则小报道可见，船务处的员工周日也要过半日的集团生活，即便雨天也照过不误；而从其集团生活的内容来看，大约是以整洁、秩序和强身健体为旨归，与此后民国政府推行的"新生活运动"的宗旨若合符节。

最能反映集团形式之深入个人生活的是集团结婚。作为现代集团的民生公司希望以人对职业的依附代替对家庭的依赖，对于本是要奉"父母之命"的婚姻大事，"集团"的主旋律也灌注了进来，结婚不被看作围绕两位新人的家族大事，变成了以职业共同体成员为主导、多对新人同时庆祝的集体活动，由领导代替父母族长发表祝词。以 1932 年公司举办的一次集团结婚为例，介绍人萧先生不但没有讲上一番"百年好合，早生贵子"的套话，倒是期盼他们"与昔日为结合而单独做事的精神一样的振作，一样的奋斗。希望他们因结合而加厚力量，不独向家庭进攻，而且向旧社会猛力的打进去，这才不辜负本公司提倡新生活的意义"。在介绍人萧先生的口中，家庭听起来好似一个有待改造的对象，它不是个人休憩的港湾，而像一个与集团展开竞争的组织单位，它代表"旧社会"，可能让人不振作、不奋斗，因而需要在婚礼上加以警醒。集团的旋律在个人成婚这个重要时刻是不能忘的，船务处副经理的祝词说道："我更希望两对新人要把小家庭搬到社会的大家庭里去，由一个家庭集团到社会集团。"（颜碧野，1932）在缔结婚姻的场合，我们听到的不是对两个家族缔结秦晋之好的祝福，也不是对两个独立的个体建立亲密关系的恭喜，小家庭被视为一个生活单位，其前景完全包括在集团式的社会生活之中。

总的来看，确如卢作孚所期望的，员工全面的生活几乎都是围绕着集团来开展的。民生公司的集团活动已经覆盖了全体职工生活的方方面面。上至业务会议，下至理发沐浴，从工作时间到公余时间，从办公场所到员工宿舍，从品德、文化修养到体魄训练，几乎无所不包。那么，这种种的集团训练和活动是否真的"造成了群的热烈情感"呢？

（二）热烈的群的情感

人事股经理甘南引曾于1934年第九届股东大会上提到公司需要养成什么样的人才，第一点就是"对于群的活动有热烈的感情"（甘南引，1934a）。

那么，群的纪律，群的活动，是否真的"造成了群的热烈情感"？不但访问过民生公司的人对其"严密的组织、蓬勃的精神"有过热烈赞扬（项锦熙，2016：134），从受访老职工的讲述来看，答案也是肯定的，在前述的良好福利和有意识的集团生活训练下，民生公司的确相当凝聚人心。

马正浓本就热爱集体活动，他对支持集体活动的民生公司称赞不已，对他而言，这些集体活动不仅不花钱，还是与其他同事甚至领导交流的机会。

> （公司组织的打球）我每回都参加了的，我就愿意去。童少生①都参加的嘛，他打球都来的嘛。它有那么个朝气，有那么个气氛。我们一般来说，如果私人没得什么事情，年轻的时候就没得什么事情，重庆也没得其他的亲戚朋友，就参加活动，很多人来……它也给你提供了方便。比如你出去耍，你自己又不花钱，交通费又不花，吃饭也解决问题，哪里不好呀？（马正浓，2010050701）

同样是训练能力，民生公司主张读书要有读书报告会，学英语要有集体英文谈话会，鼓励一切个人能力的培养都要借助群的平台。同样年轻的朱树屏②很喜欢每周的集体英文谈话会，感觉到了"无限的群的快乐"："我参加了这一幕英文谈话会旁听后，然后乃知现代的人群，确有他挺立世界的原因。中国人往往是有了一群青年，没有办法，认为是痛苦，今天外国人接触着一群青年（本埠西人顾复良女士、艾保尔教师、梅福霖教师同意，允轮流于每周星期四午后六半至七半到本公司之英文谈话会指导），便有很多的训练方式和无限的群的快乐。"（朱树屏，1934）

16岁进民生公司的杨辛对公司关心年轻人评价甚高。

---

① 童少生（1903—1984），重庆巴县人，毕业于上海圣约翰大学。曾任捷江轮船公司经理、民生公司业务处经理、民生公司上海区经理、民生公司副总经理、民生公司代总经理（黄立人，2003：480）。

② 朱树屏（1912—?），字守藩，重庆永川人。时任民生公司秘书室企业课主任（黄立人，2003：351）。

民生公司关心职工的生活状况，这是高明的地方。他不是就把你当成一个雇工，他要让你不说以公司为家吧，但是至少让你觉得在公司里头比较亲切一点，公司的上头和下头的关系，（上头）他不是把你当成奴隶来使用，但是他也不可能民主到一家人一样，那也不可能。但是，他给你的感觉就是在生活方面，起居方面、饮食方面、文化方面，都让你感觉到好像公司是关心你，实际上就是要你把公司当成自己家一样。（杨辛，2010051901）

当然，民生公司这种一切生活围绕集团、对职工活动安排无微不至的"关心"客观上也减少了员工的个人选择和自由。别的不说，就说对时间的全面占据，也会令一些员工，特别是已婚、外宿的员工叫苦不迭。一位没有留下姓名的员工在《新世界》上称，他清晨踩着开城门的时间来到公司，夜里等到公司的会开完，几乎来不及在城门关闭之前出城回家。事实上，也的确有人因为不自由而离开公司，一位署名为"凌"的作者在1935年的《新世界》上发文解释当初离开公司的心态："我只觉得受了一种规律的约束，时时毛骨悚然，终于挣脱了这枷锁，脱离了公司。"他说，他对当时"公余的读书、集会、娱乐、运动、旅行……的生活始终是'不自觉'的，始终不曾领略到这种生活的意义"。但是，离了民生公司，得了自由的他，在别处却得不着"精神的食料"，"到处不合口味"。反省下来，他觉得是自己"吃惯山珍海味，不能素餐了；习染了正确而意义广大的生活，不能随俗浮沉了"，于是，他"回头想念公司了，回头想念公司特具的'气概'而不能自已了"（凌，1935）。看得出来，这位"凌"先生已经在民生公司的集团生活训练中不自觉地将那种紧张进取的节奏内化了，从心底认可了集团生活的价值。

在刘本祥老先生的回忆中，民生公司最可贵的便是同事之间的团队精神和互相关爱之情。

在民生公司十年的工作期间，使我感受较深的是卢先生所教育培养起来的团队精神和互相关爱、合作共事的风尚，无论是在船上或岸上，我所接触和交往过的同事，大都敬业负责，待人诚恳，乐于助人，生活十分简朴。曾经与我同船共事、年龄稍长于我的船长卢永慎，我们相处甚为融洽，经常谈心，他提醒我说船上生活相当枯燥，缺乏娱乐调剂，但要自励自律，不要沾染江湖恶习。这些话对我帮助影响很大，提高了对生活环境的警惕。（刘本祥回忆录，内部资料）

应当承认，我们今天能在《新世界》和其他文献中看到的，多数是受过良好教育的中高层职工的心声，他们大多对卢作孚先生的信条和理想有所了解，相对来说容易理解群的生活的意义。那么，公司底层的员工对所谓集团生活的意义是否那么了解？他们怎么培养群的情感呢？换句话说，公司职工群体内部在价值观上是否存在潜在的分化？

对于如何培养底层员工集团意识这个问题，陈代禄老先生告诉我，对于船上的底层员工而言，只要"听公司话"就行了。

> 我们只是叫他们怎样把货装好，把客装好，把轮船管好，你反正跟着公司走，你自己就不愁，但是你给公司工作，也就是给社会工作，我们就服务社会，就便利人群，你们也就是进入这个集团。我们对他们就不能那么深入地谈什么集团教育，集体教育啊，他哪里有时间来听这个，也没有系统，只是他们信民生公司，干得好，在船上卖力，一定要把客货运搞好，听公司话就行了，公司发号施令。这些什么集团生活，这些属于高层的意识形态。（陈代禄，2010021101）

《新世界》上载录的一次1933年的"永年轮水手会议"印证了陈代禄老先生的话，永年轮的经理刘炳林这样向水手们传达卢作孚总经理参观永年轮后的意见："各位现时薪水虽少，忍耐片时，等我们把民生公司努力办好了，我们的生活实不难解决……昨天，（卢）总（经）理到船上，看各处都清洁得很，当时赞美，并嘱公司泊申各轮职工来轮参观。我们从前的努力，既已收到了相当的效果，望大家以后更要努力做去，才不辜负以前的努力，才不辜负总理的美意。"（《两个船上的会议》，1933）永年轮经理在这里所讲的一番话，是让水手们理解公司的利益和自己利益的一致性，并且把公司的形象通过具有权威的领导——卢作孚总经理加以人格化。大家的努力，既是为公司，也是"不辜负总理的美意"。

职员和工人间的隔阂是令很多近现代企业管理者头痛的问题，史国衡研究的昆厂也不例外。应该说民生公司在这个问题上处理得比较好，一部分原因是前文所指出的低层职员和工人之间待遇差别不大、职工也可以持有股票获得股息收入，因而，除去极少数高级职员外，大部分职工中经济地位分化不明显；另一部分还是应归功于民生上下良好的工作作风，卢作孚本人就强调要"对人亲切"。在民生公司附属煤矿下属的幺站工作的谭春常告诉我，那些民生公司下来管理煤矿的"先生"很好。

　　我：那些民生公司的先生凶不凶？

　　谭：那些先生好哦。

　　我：怎么好法？

　　谭：那些先生起码不得整人害人，起码就是为那些背煤炭的，总是说他们好。

　　我：这些先生不骂他们？

　　谭：没有骂。

　　（谭春常，2010050501）

除了在日常工作中强调平等、可亲的态度，民生公司也会不间断地搞一些小型的集体活动，发起一些短期运动来增进员工之间的感情，前者有各种体育比赛和文艺演出，后者则可以船员教育为例。1936年，一方面为了扫除船员中的文盲，另一方面也为了"让（底层）员工与公司多有接近的机会"，民生公司开始在船员中开展船员教育。根据船员教育组罗昌扬的介绍，船员文化教育扫盲运动从1936年4月13日起，至1937年9月止，开展了一年半时间，共办了3期，每期3学期，开支经费近2000元（罗昌扬，1937；凌耀伦，1990：303）。除了总公司的几位专门负责船员教育的职员，教师主要靠各船的经管理及事务人员，"都是有教育兴趣及经验的人……由公司正式聘请（义务职）"（罗昌扬，1936a）。

在主办船员教育的彭代勋看来，船员教育的意义，除了帮船员提高智识、"开出船员新的道路"之外，也是一种"船员间感情的结合"。以前一个船的各部人员，因为工作食宿都不在一处，往往不认识，也就谈不上感情的联络，难免发生误会、隔阂以至于纠纷。但是，"自从办了船员教育以后，每个船的人，大多数不读书的便是教师，不当教师的便是学生，可以说一个船都在那里总动员，天天在那里聚会，天天在那里交换知识，便于无形中，教学间发生了浓厚的感情，弄得一团和气，使全船发生分工合作的效果"（彭代勋，1937a）。

船员教育今天留下的遗产不仅是教育组成员的总结报告，还有三组非常珍贵的船员的习作，有的是命题作文《谈读书》，有的是学会识字之后随手写就的家信。发表在《新世界》上的这三组短文真正让那些水手和生火、看炉、加油的工人发出了声音，我们也可以从中一窥这些最为底层的"无名者的生活"。

识字之后，首先练习的是家信，我们看到最多的是纸短情长的一封封家信。

第一囤船33岁的水手彭福荣很快就学以致用，不但写下了对祖母的思念，还给祖母寄上了珍贵的工钱。

> 祖母大人：我离家已是好几天了，没有一刻不想念大人。家中用款，大概早已不够了。厂里本月发下工钱十元，除留存一元做零用外，托便人带上九元，请大人收用。孙男身体，自知保养，不必挂念，敬请福安！（《瓜豆一盘》，1936）

民福轮的年轻水手包长洪给妻子写下了一封家信，报告公司的生活，安慰久别的家人。话虽质朴，但情真意切。

> 贤妻：现在不知道你的身体好不好？我在船上很好。每天在空余的时候，还要努力读书。公司所有种种的组织，对于我们实在有很好

的益处。我在外面决定不行（寻）花街柳巷。要是我去了，决定（不会）对你不起，你尽管放心吧！家里如需用费，我是要设法寄回来。请你在家里好好的教养儿子，我是很放心的。请了。祝你安好！夫长洪。（《瓜豆一盘》，1936）

民苏轮学员游长发则向父母大人报告了愉快的船上生活和船上和睦的同事关系。

> 父母大人：男已离家几天了……船上生活很愉快，许多同事也很和气。男在船上，一切都很谨慎。对于工作方面，尤加注意。每天晚饭后，还练习算术或写字。（《瓜豆一盘》，1936）

民铎轮加油工邱立生描写了他在船上是如何读（第三册）书的，我们从中看到了一个勤学不辍的年轻人和一位严格督促、耐心指导的经理。

> 我们读法规定是由自己去读，有识不得的字，或讲不得的一句话，就去问经理会计。我们每天读一课书，读了之后，就讲那一课的意思。每天写字二张，拿去请经理看，经理还时常叫我们作文，写信有不对的地方，经理就改好了，叫我们看。（《再来瓜豆一盘》，1937）

实实在在得到了帮助的各位船员对公司和教他们的经理充满了感激之情。不少民铎轮的学员表扬他们的先生王宝善很好，教他们很耐心。他们很高兴，识字之后，"我现在不得是瞎子了"。民铎的生火工人涂斌山表示，"能写信，能看小说，能上街看告白，能看报纸，这些幸福，是民生实业公司所赐，感谢各位老师"（《再来瓜豆一盘》，1937）。

尽管船员教育持续时间并不长，但却达成了好几重的效果。一方面底层的船员提升了文化水平，情感得到了尊重，由此增进了对公司的认同感；另一方面，这也是一个上下打通的工作，船员教育成了各船内部上下亲密接触、和睦关系的良好机会。平时的经理和水手如今变为先生和学生，在工作上"领导－服从"的关系之外辅以中国传统中非常看重的师生之谊，正式的工作关系之外又多了非正式的人与人之间的牵连。在船员教育这个共同的目标下，群的情感有了培养的平台，从而避免了职员和工人两个群体的隔阂与分裂。

除了船员教育这一运动之外，民生公司日常活动中有很多的职业认同建设内容，例如介绍航业的技术知识和发展目标、实施职业技术知识轮训、对下级员工宣讲"劳工神圣"的职业伦理等。小到船员常用的专业术语，甚至也发展出了一种中英结合的洋泾浜英语，组成了船员间共享的知识库，为营造航运业的专业感和职业团体的凝聚感发挥作用。在民生公司老船员张汝炎之子张成煜回忆中，汽笛被称作"魏什"（whistle），"每当父亲从合川返航重庆的下午，母亲就会叫我看爸爸的船回来没有，于是我就会拿一只小凳站在窗户前眺望，当看见上游驶来的民听轮，以及发出'魏什'（即汽笛英语 whistle），就会从凳子上爬下来告诉母亲，父亲回来了。"船员之间通行的洋泾浜英语还包括"船长叫卡不等（captain），大副叫瓜达马子（quarter master），即四分之一的主人，蒸汽叫十汀（steam），凝结器叫康定生（condenser），活塞叫什等（piston），抽水机叫帮补（pump），气体叫瓦斯（gas），轴承叫布什（bearings），垫卷叫瓦什（wash），塞尺叫非纳尺（film）"（张成煜，2013）。

从企业的组织合法性建设角度来看，这种对航运服务之专业性和价值的充分强调有助于增强员工对企业价值观的认同，提升了职业共同体的荣誉感和凝聚力。企业文化的研究者指出，"成功的公司对价值观相当重视，概括说来这类公司有三个共同特点：一是他们支持某种东西，也就是说，他们有一个清晰而明确的经营理念来指导他们的行为；二是管理层十分注重价值观的塑造和调整，以使他们适应企业当前的经济和商业环境，并在组织内广泛传播；三是公司的员工熟悉并认同这些价值观，无论是生产第一线的工人，还是最高管理层的领导"（特伦斯、肯尼迪，2008：23—24）。

以公司早年的船务处经理郑璧成为例，他多次就航业如何发展发表文章，例如，在朝会上发表的演讲——《现代航业竞争的原因及其实况》高屋建瓴，站在立国强国的高度上对航业发展的价值进行了阐发："航业有制海的力量。制海权是立国的根本……航业平时在经济上的地位，战时在协助军事上的地位，均属制海工作。所以世界上今天有办法的国家，都异常重视制海工具的航业。"同时，由于商船发展不像海军一样受限制，"所以许多现当代国家，仿我们古代寓兵于农的办法，寓海军于商船"。"国家一有缓急，此种商船马上可以加入海军"（郑璧成，1934）。这番言论既可对外面向政府发出发展航业的呼吁，对内亦可增强组织内部合法性。这种航运企业越出常规经营范围、以服务社会和国家为己任的职业价值宣称，在高于职业认同的基础上为员工塑造了一种职业荣誉感与道德自足感，可以说也为抗战开始之后民生公司主动承担抢运工作埋下了伏笔。

除此之外，还有一项非常重要的培养群的情感、巩固职业内部团结的仪式性活动——追悼会。仪式和庆典是企业文化的重要表现形式。企业文化的研究者曾指出，仪式对于推进企业文化、加强职工的认同发挥着不可替代的功能："在每种仪式背后，都有一个体现了文化核心信念的寓意，仪式提供的地点和脚本，使员工能够体验其中的意义，使混乱回归秩序……如果缺乏富有表现力的事件，任何企业文化都会消亡，没有了仪式与庆典，那些重要的价值观就难以对人产生影响。"（特伦斯、肯尼迪，2008：68—69）

在民生公司1934年6月制定的《训练纲要》中，对"群的情感"如何培养有明确要求："群的情感：1.组织俱乐部；2.工作互相帮助；3.疾病灾害互相救济；4.追悼死者。"（《训练纲要》，1934）之所以在当月制定的《训练纲要》里特别提出"追悼死者"这一条，相信应该与当月发生的一次意外有关。1934年6月3日拂晓，民福轮机舱工友杨海青执行任务时因舱内汽油起火被烧死。按照地方上祭奠死者的习俗，民福轮职工在船上举行了传统的追悼会，"有灵位，有祭食，燃香烛，化纸箔"。对此传统仪式，民生公司并未加以干涉。同时，公司人事处经理甘南引在追悼会上为杨海青致悼词，向民福轮全船宣讲了现代的职业团结意义上的"服务社团尽忠而死"的意义："因服务社会，服务国家，精神受累，身体受累，鞠躬尽瘁，因而致死，这是为社团尽职而死……因忠实的执行职务，不幸而遇不可抵抗之外力，因而致死，这仍是为事业而死。"他不仅肯定了杨海青这样尽忠职守死得其所，还继而鼓励为事业为国家而"身殉"①的精神："现在的社会，尤其是现在的中华民国，是需要在事业与国家上多有人来'身殉'，而不需要宁可牺牲事业牺牲国家而得'寿终'。"（甘南引，1934b）在审视一个人的价值的时候，杨海青作为一名机舱负责加油的工友，并没有因为他身份低微而被忽略，而是被当作了职业群体中平等的一员来加以悼念，无论从人道的角度还是职业团体角度来看，平等的原则都取代了等级制。在甘南引的解读里，杨海青的死不是个人过失，而是充分体现了尽忠职守、服务社团的崇高价值。借这次追悼会之机，他试图在民生人心里埋下的，是同为事业奋斗、同生共死的群的情感。从民生公司上下日后在抗战中的表现来看，这绝对是一次影响深远的追悼会。②

---

① 以后我们会发现，在民生公司的指导思想里，"殉"是一个不可低估的概念。卢作孚也认为抑制自己乃至于牺牲自己以为集团生活是中国人的传统美德，主张在转变集团生活的过程中继续发扬国人一向的美德，"向来可歌可泣的忠臣烈妇的行动，现在便可以殉社会、殉国家"（卢作孚，1990/1934：330）。

② 甘南引在民生公司的职业共同体建设中是值得特别注意的关键人物。作为北京高等师范大学教育研究科毕业生，他熟稔社会调查方法，在就读于北京高等师范大学期间即针对中国青年婚姻问题（如对独身主义之态度）开展了问卷调查，写成《中国青年婚姻问题调查》发表于余天休创办的专业社会学期刊《社会学杂志》之上，"在社会上引起极大反响"（阎明，2010：40；甘克超，2018071501）。除关注青年婚姻、两性问题之外，甘南引还留意平民教育、乡村建设。东北沦陷后，1933年甘南引经任鸿隽介绍进入民生公司，这位曾经的哈尔滨中东铁路普育中学（即今天的"哈三中"）第一任校长将民生公司亦视为培育青年的学校，"担负起教育民生公司船、岸职工的责任"（卢国纪，2014：164）。在其具体的工作中，甘南引亲力亲为，身先士卒，对规范民生公司早期的人事制度、塑造船岸员工现代的职业价值观和巩固职业群体的团结功不可没。可以说甘南引运用其社会科学的专长，通过创造制度条件、丰富集团活动、推动现代职业道德建设等种种途径，在公司中促进了卢作孚提出的"人的训练"的实现。甘南引先生的女儿甘克超女士说道，"民生公司原来不是那样啊，三十年代初的重庆是很闭塞的，就因为人事股的我这个父亲，以他的那种理念或者说眼界，一定要把民生公司搞起来，搞活。他在民生做人事股的主任，他起的作用就是要把民生从上到下全部所有的员工，不分彼此，不分上下，拧成一股力量，他要想出各种办法。他可是真接了地气了……他不会唱京戏，他后来怎么就能？因为要把民生公司搞活，职工的文化娱乐生活是很大一块。他学会了唱戏，他唱花脸，他唱到了什么程度呢？可以跟程砚秋同台演出"（甘克超，2018071501）。1937年2月，甘南引在外出考绩途中不幸病逝，以身殉职，年仅39岁。卢作孚称其"精诚常深注人群"，上海分公司同人挽联亦敬称其"爱群倡集团活动精神未泯"（卢作孚等，1937）。

第三节　培养集团生活中的"同舟"意识

一般而言，在谈到民生公司集团生活之主流价值时，研究者均会提到"民生精神"，也即"服务社会，便利人群，开发产业，富强国家"，这些文字也作为公司宗旨刻写在民生大厦走廊的墙上。在朝会、培训等集体活动场合，或是在《简讯》《新世界》等公司内部刊物上，公司会对民生精神做不断的宣讲阐释。卢作孚本人就十分看重职业成就本身给青年带来的荣誉感和责任感，"我们做一件事把事做成了功，成功那便是奖励，还要别样奖励做什么呢？……我们也去做起出来，那是他们自然学了你们了，他们做了你的徒弟，你们就做了老师了，这是发给你们何等的奖励呢，这才真正是大家的奖励"（邓少琴、卢作孚，2017/1929）。又例如在 1937 年 8 月的一次理货训练班期间，民生公司稽核长陈国珫对受训的理货练习生介绍了一番民生公司的精神，提出青年员工也应拿出"超经济的"精神，因为民生公司"要以盈余的钱来开发产业，第二个阶段便是要去辅助社会，第三个阶段，还要去便利广大的人群"，"因此，要达到此目的，对于这种事业，必先要具有这种超经济的精神"。他提出，作为民生公司的职工应对职业发展有超出个人发展之追求，将发展公司、争做行业楷模、引领社会风范作为一种青年神圣的任务。"一般的说法，职工赖职业生活本是天经地义，而本公司职工在职业之上，还有一种神圣的任务，便是怎样把民生公司健全起来，充实起来，成为社会上的模范，自单方面讲，公司逐渐膨胀扩大变成小小的社会，自多方面讲，社会里其他的机关也都能仿效着这样做，或者后来居上，比我们还做得精到完善，我们一般青年，常说要改造社会，这就是我们脚踏实地去改造社会的时机和途径，所以在努力自己职务以外，还要设法使公司健全充实，社会有了模范，逐次仿效改良，如是便可将旧的社会改造成新的社会，没进步的社会改造成有进步，这边是我们超职业的精神"（陈国珫，1937：477—478）。

但这样的民生公司精神宣讲毕竟只是一种价值宣称，不是每个人都能像前述那位离开民生又思念公司的"凌"一样接受秩序与服从，如果没有内在的共同信仰与价值，纯粹形式化的集团生活不能从根本上形成群的情感。这一点已经为一些年轻敏锐的职工察觉了，从他们发表在《新世界》上的文章中，我们看到他们试图把有关集团生活的讨论推向深入，试图探寻集团生活的核心信条和价值。

1936 年第 100 期《新世界》上，一位作者直率地提出，在习惯了散漫的国民看来，过于强调秩序的集团生活可能是索然无味的，由于大家看不到集团的好处，形式化的集团生活也难以抓住众人的心理："一些感觉了集团生活有绝对必要的人们，向一般人说：'集团生活是多么有秩序！有规律！一天同作同息，是多么伟大，壮烈，有意义啊！'诚然有秩序，有规律，伟大，壮烈，有意义，也没有虚讲。但是，有秩序，有规律，伟大，壮烈，有意义，这在生长于散漫秩序的老大国民看来，却处处不感兴味。除了感觉忤逆个人意志，约束个人行动，剥夺个人舒适外，没有一点感觉便宜。根本，集团所得的便宜，是在大体，但大多数眼光低了的人看不见……集团，抓不住众人的心理，这应是一个很大的原因吧。"（周文藩，1936）

但是，怎样才能抓住众人的心理呢？1934 年，刚到公司一个月的王冠群提出了他的思考："但是意志要怎样才能统一呢？我认为要统一集团活动信条。"他敏锐地指出，形式化的集团生活还需要建立在理想的基础上，要建立共同的理想、使命、目标和信条。但是这些信条，"既不是政治意味，更不是宗教形式，是以真理为出发点，而以适应目前中国需要为归依的一种实际的集团生活规律。并非带有强迫性的像法律一样，而是自自然然的由集团活动内部各个分子，大家都感觉非有这种实际生活规律（即集团信条）不足使各个分子集团化。简言之，所谓集团化的信条，就是内部各个分子共同悬为信念的标准，同时即为达到统一集团活动化的圭臬"。文章末尾，他还将自己思考所得的集团活动信条列举了出来。

1. 我们绝对的相信科学，打破一切迷信和反对科学。

2. 我们绝对的相信真理。

3. 我们相信人类是互助的。

4. 我们相信积极开发中国实业是救中国的唯一良法。

5. 我们相信不畏难，不苟安，不避牺牲，可以战胜一切困难。

6. 我们相信我们事业的成功，有无穷的希望，并自信决不会失败。

7. 我们的工作，应该实事求是去努力，每天做完工的整理。今天的整理，不但是今天的成绩，而且是明天办事的经验。

8. 我们应该在事业上求进步，用不屈不挠的精神去努力奋勉，尤其是对事业应该毅然猛进，劳瘁不辞。

9. 我们不应投降困难，应该打破困难。

10. 我们认定，与其严重的责人，不若循身自省的责己。

11. 我们个人的行动，绝对不能违反集团的行动。

12. 我们参加这个集团活动，应该遵守集团活动当中的规约。

13. 我们服从集团活动的主管人，不是服从这个人，而是服从这个集团活动中的人。

14. 我们对于任何事业，积极的抱乐观去干，绝对不消极，不悲观。

15. 我们只问耕耘，不问收获。

（王冠群，1934）

逐条看来，这些信条所宣示的也不外乎卢作孚所强调的理性、科学、奋斗、服从等价值，虽说不是条条都指向集团生活，但集团如能有统一的价值与道德确实是协调利益、统一行动的基础。不过，上面列出的这些信条只是现代企业普遍都尊崇的企业精神，可以适用于任何一种职业、任何一个现代企业。民生公司作为一个航运企业，作为风险环境下的生产经营组织，有其行业特殊性，因此，它也有其独特的道德建设目标——培养"同舟"意识。"同舟"较之于一般的群体生活，在共同的生活基础上又多了一层危机感。舟行水上，随时有覆舟之险，因此同舟者无不利益交关，别有一种命运休戚与共之感。请看 1932 年 12 月《新世界》上的一则补白①："同舟则共济，故共同之观念舟中较陆上为强。上自船长，下迄水手，

----

① 这则补白没有署名，估计出自《新世界》时任主编张从吾之手。

其骨肉亲戚之感，非陆上军队比也。众人共托命于一船，故相互之关系至密切。能互相信而相许以身，而又献身牺牲之精神乃益显。"（《同舟》，1932）以社会学的视角来看，这则补白所呼唤的"同舟"意识，无疑深刻表现了涂尔干所言的职业群体的团结。在内群情感融洽、敬业乐群的基础上，外在环境的风险和压力更能长养群力，增进群体的凝聚与团结。① 因此我们可以说，"同舟"意识即是结合了群的情感与风险意识的一种利益共同观念。具体来说，"同舟"意识可表现为三个方面：（1）对共同的利益/风险和公共责任的体认；（2）共同的生活与情感基础；（3）在共同情感基础上的彼此的高度信任和利他、利群精神。

民治轮船长刘本祥回忆录中记录了船上驾引人员如何同舟共济过崆岭险滩，为我们带来了最生动的现场。

在复员运输之后，我所在的几艘轮船经常在重庆至宜昌之间往返航行，这段 640 公里的航线要经过举世闻名的长江三峡的险滩恶水，在枯水季节，轮船上经过新滩泄滩，必须开足最大的马力，还加上岸边的绞滩机钢缆绳牵引相助，才能十分费劲的缓缓过滩。在三峡航行中，过去流行着这样的谚语："新滩泄滩不算滩，崆岭才是鬼门关"，因为西陵峡内的崆岭有一段 100 米长的航道，水下挺立着三处暗礁，称为大珠二珠三珠，航道从这些暗礁中穿过，形成 s 形的几处急弯，驾驶船舶如果操作有瞬间失误，就会撞上暗礁，造成船毁人亡，所以每次下崆岭，驾引人员都齐集驾驶室，如临大敌一般。这时都由三引水执舵

---

① 科塞在《社会冲突的功能》一书中对齐美尔提出的"与外群体的冲突会增强内部的团聚力"这一命题进行了细化。科塞在书中对威廉姆斯的观点表示认同："一个'认同感'较强的社会群体，当意识到外部威胁是对群体整体的威胁时就将导致内部团结的加强……然而（这个总原则）只有在严格的特定条件下才是正确的：（a）它必须是一个'认同'的群体，即在群体成员中必须有这种最起码的一致：个人的聚集是一个群体，把它作为一个统一整体来保护是值得的；（b）必须有这样一种认识，即外部威胁是对群体整体的威胁，而不是仅仅对群体某部分的威胁。"（科塞，1989：73—82）由此可见，群体内部的一致性和外部的威胁是面临巨大外部威胁时群体团结得以加强而非瓦解的两个不可偏废的重要条件。从这一意义上来讲，民生公司在战前的群的情感和"同舟"意识培养对其战时迎接外部冲突起到了重要作用。

（行驶其他航段由专职舵工执舵），船长掌舵（控制航速），大引水领航，齐心合力，指挥船只进入航道，每个人都是全神贯注，目不转睛地盯着前方的急流漩涡，不敢有丝毫疏忽。我曾经历过一次险情，民治轮一次下崆岭，船身突然倾斜，桌上的杯碟哗啦一声全部滑入江中，我们为之大惊失色，要是再倾斜一点，船舶就会翻倒在崆岭，我们也将被卷入江底去喂鱼了，而且必然造成航道堵塞，施救起来也极端困难，所幸执舵者在几秒钟之内就把船身扭转过来，恢复了平衡，大家才渡过了这次危难。（刘本祥回忆录，内部资料）

千钧一发之际，时任民治轮事务长的刘本祥想到的不仅是个人安危，更有事关复员运输全局和同行安危的航道通行和后续施救问题，其职业共同体意识可见一斑！众所周知，在三峡大坝未建成、长江水位未提升之前，长江航线尤其是川江航段行船多有险阻，何况是在七十余年前礁石未炸、船只超载、辅助导航技术设施不足的情况之下，确保行船安全极度倚赖驾引各岗位专业人员的经验，需熟悉航道状况的引水、熟悉船只驾驶的船长通力合作，当然也离不开轮机等部门的保障。在这样的情境之下，生发出"人人为我，我为人人"的团结合作的情感实在是非常自然的。可以说只有同舟，才能体会到共济的必要。

"同舟"的不只是船员和船员，还有乘客与船员。在服务社会、便利人群的民生精神之中，也折射出船员与作为服务对象的乘客之间的互相理解、彼此关照。无论是抗战抢运入川还是抗战胜利复员期间，可以说同船共渡的船员和乘客也共享着一种命运相连、生死与共的民族情感。

1945 年 8 月，抗战胜利了，长江全线通航了，我当时所在的民治轮冲出了南津关，直抵宜昌，参加了复员运输，装运江浙一带的人员，迅速返回家乡，这轮一次次满载乘客，由重庆直航南京上海，在当时的特殊情况下，每次都大大超员。船上的甲板、过道，甚至厕所旁边，能席地而坐的地方都挤得满满的，我动员船员们打开自己的房间，首先是把我的房间让出来给乘客休息，并尽量做好服务工作，这些乘客购到了船票，上了轮船，就感到万分幸运，船上再怎样挤都很少有怨言，他们恨不得快从巴峡穿巫峡，即过岳阳到淮阳，尽早去和生离死别八年的亲人团聚，在同乘客的接触交谈中，我充分感受到他们对抗战胜利的无比喜悦和快要还乡的渴望。（刘本祥回忆录，内部资料）

现在我们能看到的诸多回忆文章中都曾提到民生公司一幅著名的对联——作息均有人群至乐，梦寐勿忘国家大难。这副对联是卢作孚在上海一·二八事变之后所作，以红字楷书印在民生公司宿舍的床单上，"每个人有床单，印到上面，有两排字，红色的"（马正浓，2010050701），它将"人群"与"国家"并提，时刻提醒民生员工在乐享集团生活之际勿忘民族危亡。可以说"同舟"意识也正是将人群与国家打通，以职业共同体认同立身，并从职业认同推及公民身份认同，在职业共同体的中介下打造国民的公共责任感。

应该说国家大难的来临并非一夕突变，从更广泛的领域来看，自中国进入近代社会以来，民族覆亡的危险一直挥之不去，整个中国社会革命和民族革命都是在战争的刺激和阴影下发生的。重庆作为一个内地港口城市，它在近代对外开放的历史就直接始于甲午战败。在当时的中国，没有任何的建设可以离开救亡这个主题。中国的民族革命与社会革命之同步性已成为学界的共识，孙中山曾指出，"我们想要恢复民族的精神，要有两个条件：第一个条件是要我们知道现在处于极危险的地位；第二个条件是我们既然知道了处于极危险的地位，便要善用中国固有的团体，像家族团体和宗族团体，大家联合起来，成一个大国族团体……所以，能知与合群，便是恢复民族精神的方法"（孙中山，1986/1924：242）。

对于信奉中山先生信条的卢作孚和他的公司而言，"合群"也从来没有离开"能知"。1930年夏，卢作孚曾率领民生公司、北碚峡防局和北川铁路公司有关人员组成的考察团游历上海、青岛及东北各地，考察结束后他将自己所写的《东北游记》赠给各界人士，介绍"外人在中国之所经营"，"盼望有心人浏览之余，绕室从容，反省及于自身"。在游记中，他慨叹：

"日本人的经营，以满铁会社为中心，取得东三省的无限利益，其规模是何等伟大，前进是何等锋锐！"他痛陈"中国机关的职员，只知道自己的职务，或连职务亦不知道，绝不知道事业上当前的问题，问题中各种的情况；而这一位日本人能够把码头上的一切事项，详举无遗，是何等留心问题、留心事实！中国人何以一切都不留心？"（卢作孚，1999/1930：103、112—113）。

与早年从事教育工作时的想法一样，民生公司时期卢作孚关注救亡，但仍主张将救亡寓于日常的职业建设之中。在1933年的一次朝会上，面对乘客对永年轮茶房之敬业的夸奖，卢作孚将其归结为"请永年茶房战胜日本茶房"这种职业上的争先精神推广起来，应该是："永年全部船员战胜日本船员，乃至民生公司全部船员战胜日本船员，乃至中国各业人员战胜日本各业人员，如果全中国这样总动员，真能够把日本战胜了，何愁东北不恢复呢？快起来参加这新式战争啊！"（翟士煊，1933）

在民生公司的日常工作中也总是贯穿着民族危机意识的教育。除去前面提到的每次朝会必唱《满江红》之外，公司还把各种重大历史事件的纪念日变成鼓舞士气的机会。1933年，公司召开了九一八第二周年纪念大会，静默三分钟时，默念"日人劫夺我四省，杀戮我人民，屈辱我政府，破坏我统一，亡国灭种，大祸已临，不谋自救，何以为人"的词句（凌耀伦，2011：201）。

公司刊物《新世界》和《简讯》上也总是有对于前方战事的报道。1936年夏，随着绥东战事的发生，《新世界》上刊载了一篇名为《蚂蚁的精神》的文章，呼吁大家要学习蚂蚁"遵守组织的美德、合群的习性和一致御侮的精神"（子冀，1936）。随后《新世界》上报道了宜昌分公司同人参加军训的消息："宜分公司同人除当值者，余均参加当地军训，已于七月十三日与宜埠各银行职员一百余人编为一队，开始训练……受训时间为每晨五至七钟，四个星期方能告一段落。"（《宜公司同人参加军训》，1936）。《简讯》上也刊出了民生公司等六团体联合举办团体军事训练班的通知："11月13日，民生公司、永安纺织厂、太平洋保险公司、美丰银行、金城银行、利昌字号等六团体开会筹备军事训练班……决定训练时期为六个月，每星期二、四、六在珊瑚坝受训。"（《军事训练班本月廿九日开学》，1936）后来的历史发展证明，民生公司早期在集团生活中对"同舟"意识的培养为集团的坚强稳固打下了基础。在即将到来的惊涛骇浪中，民生人的确做到了众志成城，同舟共济。

我公司职工素尚组织，与其单独逃避，安危难卜，何若团体行动，尚易共筹良策，免除危险。

民生实业股份有限公司，1938

第四章

战争危机下的集团：
合作与共济

前一章深入民生公司内部，对民生公司建立之初，尤其是抗战爆发之前这一段时间内初步稳定下来的组织结构和各种制度做了梳理。在包括员工招考、训练与管理制度、薪酬与福利待遇规定、各种会议与训练制度中去考察相互依赖的集团生活如何在制度规范下形成。在介绍公司内部的集团生活时，将其还原为各种具体的群的制度与活动，并探讨了这些实践对于培养职工群的情感所起的作用。在对民生公司职工群体内部相嵌套的其他组织的讨论中发现，尽管部分职工同时也加入了一些下属次级团体以及自发组织的会社甚至帮会，但并未影响公司整体的集团生活建设，反而有助于其整体的团结。同时，在群的生活的基础上，公司也注重"同舟"意识教育，长养群力。总的来说，在抗战开始以前，民生公司的职工群体的确表现得如同卢作孚期待的那样，围绕着公司凝聚成了一个相当忠诚的团体，职工从经济上、生活上、情感上依附于公司，公司为职工提供照顾与训练，我们可以用这样的图示来表示公司与职工群体的关系，见图4-1。

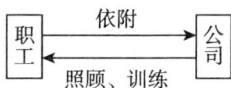

图4-1 战前公司与职工群体关系示意

但是，与任何组织一样，民生公司不可能只是一个追求领导者设计目标的完全理想化的组织，它不可能独立于其存在的制度环境。近年来的组织研究者趋于认为，制度环境不只是规范性的结构，还可以是社会生活中文化-认同的因素。在特定组织层面上发挥作用的信念和义务应得到充分的重视（斯格特，2002：125）。在组织的外部环境中，政府作为能在总体上对社会其他组织行使权力的组织，常常是研究者关注的焦点。如果说民生公司建立早期还可以在相对自由的市场里有较大空间来贯彻其组织设计的意图，那么中日战争事态发展以后所引起的资源紧张、国民政府为备战而采取的统制政策以及人力劳工政策变革引发的劳资关系变化就极大地改变了它生存的外部环境，并对职工的认识和行动产生了影响。它在建立早期形成的结构与制度安排必须面临现实的挑战，难以再像以前那样基本作为一个相对自由的个体企业来行动。本章要考察的，就是这个现代集团在制度环境变迁的条件下如何做出适应性的调整，而这种调整又造成了什么后果。

第一节　制度环境的变化：国家大难

九一八事变之后，日本侵华的号角声引起了国人的警觉。日本对航业的发展政策特别引起了民生公司的关注，1932 年 8 月 27 日的《新世界》发布了这样一条消息。

> 甲午战前，我海军列世界第四位。现在呢？只有 65.464 公吨。日本呢？它三十年不断的经营，现有军舰 67.657 吨，以百分率比，它占 91%，当然难以抗衡。我们快努力！努力航业，准备战时补助海军！（《补白之消息》，1932）

在这条消息里，我们看到民生公司对中日间战事即将爆发有了预估，甚至直接道出了身为航业企业的民生公司的目标："补助海军！"不久以后，船务处经理郑璧成借纪念九一八事变一周年之际又在《新世界》上发文，对民生公司在即将到来的战争中的角色定位做了清晰表述。

> 航业与国家的关系，制海有两种：一是军事的，一是经济的。航业虽然是经济的，但战时作假装巡洋舰和运输军队武器粮秣等等，所以它同时又是军事的。（郑璧成，1932）

这里的措辞与前文"补助海军"一样微妙，它首先确定了民生公司作为一个经济组织而非军事组织的定位，但同时不否认它在民族战争爆发时有辅助海军国家服务的责任。尽管民生公司是一个企业，但是卢作孚素来反对"纯为赚钱"，提倡"超越赚钱主义"，他衡量企业成败的终极原则是社会整合与民族富强（卢作孚，1999/1934：411—413）。对卢作孚来说，发展事业不是最终目标，民生公司本身也只是他建设现代集团生活的一个试验场。"因为公司的努力是要造成现代的社会生活相互依赖关系，不是为了工钱和盈余，而是超工钱和超盈余的。"从立足于解决整个中国社会的组织问题而言，他建设现代集团生活一直都带着国家的面向，只是战事未起时与国家并未直接发生联系。

1937 年，战争在卢沟桥事变之后最终爆发。在八一三沪战爆发之后，日本军队宣布封锁我国沿海港口，断绝了国外物资和军火对国内的接济。为了阻止日寇沿长江西溯深入内地，国民政府在江阴江面布设工事，自行阻塞，从此江海断绝交通，主要交通运输的任务交付给了内河航运；同时，由于为阻塞航道凿沉了一些船只，加上被日寇俘获与炸沉的船舶，整个航业损失惨重，运力大大受损（参见凌耀伦，1990：172—173；整个抗战期间我国轮船损失统计参见表 4 - 1）。根据严中平等的统计，1937 年全国轮船仅余 1027 只，118484 吨（参见严中平等，1955：229），残存的轮船吨位数量仅为 1935 年的 17.5%（根据严中平等转载的国民政府交通部统计数字计算）。随着 1937 年底国民政府发布移驻重庆宣言，重庆更是从一个内陆的工商城市上升为全国的政治和军事中心。这样一来，一方面随着战事的发展和战线的西移，军事运输、物资抢运和人口疏散对交通运输提出了巨大的要求；另一方面，由于川江特殊的航行条件和下游航运公司的损失，这些任务主要都要靠民生公司来完成。

表 4-1　抗日战争时期我国轮船损失统计（1937—1945 年）

种类	总计		海轮		江轮	
	只	吨数	只	吨数	只	吨数
总计	3000	495320	124	367383	2876	127937
直接损失	2837	349519	47	250271	2790	99248
间接损失	163	148801	77	117112	86	28689

　　资料来源：曾白光，《中国商船与航业》，《交通月刊》2 卷 2 期；转引自严中平等，1955，第 229 页。

　　原编者注：被敌炸毁掠夺海船为直接损失（木船未计算）。征用沉塞港道者为间接损失，其中包括官僚资本所有 25000 吨。

　　在急剧发展的战争态势下，国民政府必须迅速对全国的人力物力进行总动员。这里不妨对我国战时的动员体制做一整体回顾。抗战爆发之后，蒋介石多次强调，"现代战争是三分军事七分经济"（转引自潘洵，2011：103）。为了在比拼经济实力的现代战争中确保后方物资生产，尤其是军需品的生产，各国的劳工都走上了历史的前台。同样，中国也需充分调动和合理配置劳动力，最大限度地发挥劳动力的效率，因此在全国范围内对劳动力的动员提出了要求。劳动力动员的对象，既包括一般人力，也包括各后方工矿企业技术员工。有学者指出，国民政府的劳工政策因此也从战前的劳资协调逐渐走向了劳工统制（衡芳珍，2014）。

　　按已有研究的总结，国民政府战时的劳工措施大致可以分为三个方面：一是设立劳动力管制的行政机构，即社会部劳动局专门负责此项工作；二是对劳动力情况，尤其是技术员工的情况进行大规模摸底调查；三是出台一系列法规来为劳动力动员提供政策基础和法律依据，如 1938 年 4 月国民党临时全国代表大会通过的《抗日建国纲领》提出"一切建设以军事为中心"，"使第一国民之劳力，以最经济之运用，尽瘁于军事建设之完成，而不致虚耗"，为劳动力的动员提供了政策依据（江红英，2005：829—31）。此后，1943 年行政院、国民政府分别推出了《非常时期厂矿工人受雇解雇限制办法》《战时全国技术员工管制条例》，直接对特殊劳工群体的动员和管理提出明确规定。根据学者的评估，这些针对劳工的管制性法规的效果似乎是很显著的，可称维护了大后方的生产秩序、保障了军需生产、推动了后方工业发展，"具有不可否定之价值"（秦孝仪等，1983），尤其是在1943 年控制劳工转移率的过程中可谓功不可没。

　　然而，正如学者们已经指出的，学界对整个国民政府抗战动员体制有种决策中枢而忽视基层实践的倾向（吕晓勇，2013）。同样，纵观有关抗战时期劳动力动员的既有研究，研究的重点全在国民政府身上，无论是全国性政策、法规的出台，还是针对具体人群的劳动力动员统制措施，突出的都是国家这个宏观的层面，强调官方政策对劳动力动员的作用，而劳资关系中非常重要的一方——组织劳动力进行生产的企业在这一时期劳动力动员中的角色却被忽略了。本来，任何国家层面法令政策的有效推行都离不开实践层面"综理推动机关"的认同与执行，这两者缺一不可，也无法互相替代。尤其对于 1928 年才统一全国、中日战火初起便被迫几次迁都的国民政府而言（唐润明，2015），其行政系统的结构设置尚不完善（前述社会部劳动局直到抗战中后期 1942 年 9 月才得以设立），如何成功达到战时高效劳力动员的要求？既有研究并没有回答。

　　随着战争态势急剧发展，被迫迎战的国民政府直到 1937 年底才开始在全国各省设置"动员委员会"，办理战时人力、物力、财力征调及指导生产统制（吕晓勇，2013），但并没有有专门针对劳工，尤其是特殊技术员工动员的机构。此一时期值得注意的是国民政府经济行政部门发动和组织的沿海工矿企业内迁运动，国民政府此时之重点是工业动员、统制资源，随着600 多家国营、民营企业的内迁，数万名熟练技工也跟随企业进入大后方。尽管这个数量远远不能满足后方诸多企业对熟练技术工人的需求（张守广，2015），在整个后方的劳动力中所占比例也很小，但我们可以从厂矿内迁动员的过程中看到以企业为单位各个击破，进而统制员工的动员思路。

　　为了掌握残存的航运力量，1937 年 8 月 31 日国民政府军事委员会发布1515 号公函，对所有船员实行统制管理，此时民生公司真真切切地变成了海军的补助力量。

　　　凡在轮船服务之船员，如非重病大故，一律不得请假离船。其未在船之船员，一奉征调命令，应即赴指定轮船服务。如有擅自离船或故意违抗规避者，均按军法治罪。至在非常时期各级船员因公致死伤者，得依照海军抚恤例办理。

这一份直指船员的公函意义重大，它与在整个社会范围内同时开展的人力管制、壮丁征召和技术员工管制条例一起，形成了国家对民众个体实施控制的系统性的制度压力，它影响着包括民生公司职工在内的普通个体的行动，从而给职工－集团－国家三者之间带来了一系列的关系变化。

也就是说，民生公司面临着动员船上岸上四千余职工迅速完成抗战军运民运的重任。这样就产生了一个国家大难面前如何全面动员的问题。

第二节　战时的职工与公司关系：组织化动员与优待翼护

如果说战前民生公司的职工和公司之间是一种相互依赖的关系，那么战时这种依赖发生了一些波动。战前，公司以工作、学问、娱乐等各种集团生活将员工聚集成一个生活的共同体，职工在经济上依附公司，而公司给员工提供照料与训练。而战时情况则发生了变化：一方面，国内物资减产，国际供应阻绝，重庆市场上可谓百物紧俏，物价腾贵，这时候民生公司的运输之便和福利政策更体现出了优势，令职工在经济上更紧地依附公司；另一方面，由于民生公司需执行危险的军运任务，频繁往来于日机轰炸不断的川江前线，员工中也发生了不少脱离岗位的情况。为了解决人心不稳的问题，民生公司充分发挥战前职业共同体建设的成果，一方面按国民政府的要求，利用组织化手段，借助法令完成员工战时动员，实行《非常时期船员管理办法》，对员工进行管制，同时鼓励员工发挥"同舟"精神，共克时艰，另一方面则力争在公司的框架内给予职工更大力度的优待与庇护。

（一）公司对员工的组织化动员

民生公司很清楚，它作为国内硕果仅存的内河航运企业之一，在战争的表现将"关系抗战前途"。在 1938 年 12 月 6 日的《简讯》上刊出了一篇题为《我们报国的途径》的文章，以社会有机论的视角动员船上岸上的同人意识到航业对于抗战之重要，积极行动起来，为国效力："国家是个有机体，要国家强盛，必定先要各个分子坚强而有力，人也是个有机体，要人体强健，必先要各个细胞健全，现在我们即以人体来比喻国家，一国内的交通路线，犹如人身上的血脉，人身一切原料的输送，以及新生机能的增长，都是依赖血液的循环作用，所以血枯的人必定衰弱，血盛的人必定强壮，国家的血脉，主要的自然是铁道线与航线，工作于铁道线及航线上的人们，便如血液中的各个血球，这种血球，也就能为国家输送原料，增长新生机能。"（《我们报国的途径》，1938）

危机时刻，尽管并非国营企业，但素有公共责任担当的民生公司呼应国民政府的要求，进行了航运力量的动员。20 世纪 40 年代的劳工研究者曾提出，"人力动员以法令为经，以劳工福利为纬，则相辅相形，使其安定生活，乐于从业"（转引自潘洵，2011：117）。下面即从法令和福利两方面来考察民生公司对劳工的动员是如何开展的。

1. 以法令为经

针对国民政府军事委员会发布的 1515 号公函，民生公司也立即制定了《非常时期船员离船办法》，于 1937 年 9 月通函全公司，具体办法如下。

非常时期船员离船办法

（1）船泊码头，不得自由上岸，应随时留船待命。

（2）除父母妻子子女死亡，本人婚配，家庭直接受水火灾害及本人重大疾病经医生证明不能执行职务得请假外，其他事故，一律停止给假。

（3）因公上岸，必须填具公出单。如私人临时有重大事件，或疾病治疗，得请临时假。

（4）高级船员离船，必须有代理人，并须说明所到之地点及回船之时间。

（5）如离船不返，耽误航行及公务，无故漏船，不假离船及逾假

　　不归者，严重处分或停职。

　　这份《非常时期离船办法》是对前述国民政府军事委员会管制船员公函的一个细化，前述公函里的非"重病大故"不得离船，在实际操作中如何明确？从这份《非常时期离船办法》中可以看到，其实民生公司基本认定，即使在非常时期，离船也是可以允许的，但是需要细化可接受的离船理由，因此需要具体的《非常时期离船办法》：船员因私人家庭重大事件和个人身体原因是可被接受的离船理由；离船须履行一定组织手续；高级船员因其可替代性小，必须在有代理人的情况尚可离船。仔细比较这份《非常时期离船办法》与前述的政府管制公函，可以看到《非常时期离船办法》中这些细节的安排既有行政强制性，也较具操作性与合理性，而且将政府公函的管制意味加以微妙反转，变成对准假条件的一个细化。这样一来，提出限制要求的是国家，而给予准假优待的是公司，这反映出实际面对职工群体的企业的管理经验，同时也使得这份本意仅在管制劳工的文件带上了一些表达其态度和利益的色彩。

　　其实，民生公司 1937 年职工人数已近 4000，其中约七成以上是船上人员，对全公司船员进行统制管理难度非常之大。幸而民生公司在 20 世纪 30 年代初已完成公司组织结构的调整，废除买办制，各船人权、物权、财权全部上收到公司，实现了"从对人的依附到对公司的依附"的转变。作为一个大规模航运企业，它同时是一个部门高度分化、分工明确又高度协作的现代企业。在赏罚分明的人事管理制度之下，民生公司的行政系统表现出高效率、强约束的特征，这也是发动员工组织化动员的基础。

　　马明洁曾总结"组织化动员"的特征："每一个被动员者都和动员者密切相关，更确切地说，动员者与被动员者之间存在一种隶属性的组织纽带。其基础是，动员者往往掌握了对被动员者而言至关重要的稀缺资源。"（马明洁，2000）在民生公司的案例中，职工可从企业获得的稀缺资源有二：一是相对的人身安全和经济安全，因民生公司负有"后方交通运输重责"，因此政府特许各轮现任职工缓服兵役，这甚至引发了地方壮丁涌入民生机器厂当艺徒试图规避兵役的事件，同时，劳动力市场的管制使得他们选择其他就业机会的成本上升、难度加大，一旦落入"与抗战无关各业"，甚至有工作被取缔之虞；[①]二是在百物紧俏、物价腾贵的大后方，民生公司相对优厚的劳工福利极具吸引力，下文将详述之。

2. 以福利为纬

民生公司主张以工作、学问、娱乐等各种集团生活将员工聚集成一个生活的共同体，"职工的问题由公司解决"，在战前即有较为完善的劳工福利，不仅膳宿免费，还有包括红酬（职工可持股）、双薪、医药津贴、文娱津贴、服装津贴、粮食补贴、死亡抚恤、退休和养老金、假期优待与乘船优待等一系列福利待遇，范围广泛、项目众多。举例来说，早在1934年，民生公司就曾尝试从宜昌等地运廉价米、炭入川，不仅供应员工食堂，还发放给员工家庭，以减少员工家庭的支出。这一供应员工生活日用品的传统抗战时期一直在持续，根据老民生公司职工的讲述，公司有时候发米，有时候发棉纱。公司附属的消费合作社对民生公司职员九折供应货物，偶尔还能供应乌花布等紧俏物资，一时名声在外，引得很多民生公司职工的亲朋也来找他们借职工消费合作社的手册去买东西（冉云飞，2007）。民生公司老船员张汝炎之子张成煜也证实："当时民生公司总部就在朝天门嘴上，正对两江会合处，周围有六七米高的城墙……公司总部靠长江一侧设有民生公司消费合作社，房子门面是绿色的，大门的上方写有'人人为我，我为人人'八个大字，说明消费合作社服务宗旨。当时物资短缺，物价飞涨，公司为了减轻职工的负担，由物产部派出人员到偏远农村去采购大米、菜油等，或直接到有关工厂直购布匹、肥皂，以便宜的价格卖给职工。每个职工都要有一本购物证，因此消费合作社也是我随同母亲经常去的地方。"（张成煜，2013）

1944年3月11日消费合作社发放家属食米时，甚至因为领米人数过

[①]　这里涉及国民政府的一般人力管制政策。自1937年底开始，国民政府开始清查限制及取缔与抗战无关各业。国民政府社会部拟定的《重庆市人力车轿夫及与抗战业务无关各业及其从业员工清查限制及取缔办法》由行政院会议通过，该办法主要目的是清查限制及取缔重庆市内劳动力浪费，以充实兵源，并使转就生产各业，有利于抗战（参见周勇，2002：1181；秦孝仪等，1983：6）。

多，"致将楼板压塌，受伤者共计三十三人"。① 战时物资供应的局面究竟有多紧张，由此可见一斑。在这样的条件下，民生公司的免费员工食堂没有断过炊，甚至还吃得很好。理货员邹鸿俊对上船来丰盛的第一餐记忆犹新，那是 1939 年，他吃的是与经理、会计一样的"账房饭"。

邹：哎，吃账房饭。账房就是会计，跟会计一道吃饭，叫账房饭。

我：哦，你们吃饭的标准跟会计一样。

邹：哎，一样。

我：所有的干部不是一起吃饭吗？

邹：都是一起。干部都一道吃饭。那时候我们一道吃饭的是哪些人呢？护航队长、经理、会计、管理，吃账房饭。

我：啥子标准呢？

邹：标准都是一样。有肉。那阵我刚刚上船那天，进来把我简直是吓到了。六个菜，有鱼，有回锅肉，炒菜，一共有六个菜，一个汤，两个素菜。我说是请我吗？我才来。我一坐上去我一吃饭呢，饭我又吃得快，吃了我就去添饭，那个服务员就把我按到，碗就拿过去，他就帮我添，把我搞得不习惯了。

我：有专门的服务员？

邹：哎。

我：你有专门的服务员？

邹：不是，集体的，餐厅的，给大家添饭。喊我坐下，我一下就吃了六碗。在船上吃那么好的饭，是第一次。

我：是第一天吃那么好，还是一直吃得那么好？

邹：回回都吃得那么好。我就是，那天就把我蒙到了，我说来请我吗？吃得那么好。那个服务员都在笑我，说这个人好吃得。吃了六碗。我那会儿才 18 岁……那阵我心里好高兴哦，吃六碗，我心想，吃恁个好，不要钱都要得。呵呵。（邹鸿俊，2010050601）

---

① 重庆市警察局：《关于报送民生公司消费合作社发售职员家属食米跌伤人数经过情形上重庆市政府的呈》，1944 年 3 月 11 日。重庆市档案馆，档案号 1002187847－8。

相比战前而言，由于战时各种资源供应日趋紧张，职工们在获取日用品时面临的是更少的市场选择，民生公司这顶大伞给予职工的不仅是作为工资收入补贴的福利待遇，更是雪中送炭式的日用必需品供给。对比战前和战时民生公司福利政策，战时员工福利甚至有增无减（参见附录3）。

劳工福利待遇不同于货币化工资，它建立在正式职工资格之上，使职工在经济上更紧地依附公司，这是执行劳动力组织化动员的有利条件。事实上，仅仅是踏踏实实执行免费膳宿制度这一条，已经赢得了许多员工的认同。

毋庸讳言，作为船员，一面是优厚的福利报酬和免于兵役的待遇，另一面在行船时却也随时可能遇险。民生公司参与的1937年镇江抢运、1938年的宜昌大撤退，都离前线非常近。1938年底武汉失守之后，日军开始以武汉为基地开始往长江上游进犯，1939年5月起拉开了轰炸重庆的序幕，由于中方防空力量薄弱，至此整个重庆市区都陷入了大轰炸的恐怖之中，常常是"警报刚传，日机已至"，而民生公司则是一切如常，船照开，公务照办。在朝天门船务处上班的杨辛对1941年夏天的较场口大隧道惨案有着清晰的记忆，因为"我们那个地方，办公室在这里，这就是餐厅，尸体就堆在这个地方，老人的，小孩的，妇女的，都是山头，那时候我们要到食堂去，就要穿过这个尸体（堆）。那个时候是非常残酷的"（杨辛，2010051901）。当时船务处照常办公，一旦警报响了，就马上上船开到下游防空条件比较好的港口躲避。最紧张的时候就不在仓库而是在木船上办公，敌机来了以后，就从木船上轮船，然后轮船再开走。

老船员张汝炎之子张成煜（生于1935年）回忆了童年时期与父亲在青草坝的民生机器厂一起经历的轰炸。

> 有一次船停靠在青草坝修理，突然日本飞机要来轰炸。朝天门民生公司的围墙上挂起灯笼，警报声大作，于是船马上向下游驶去，到溉澜溪找个偏僻的河岸停下来。全体船员爬上"人头山"一个洞子躲起来，我由父亲背着上山，不久日本飞机临头，当日是夏天，晴空万里，日机轰炸的目标就是河对岸的裕华纱厂，炸弹爆炸时，地动山摇，

还飘来浓烈刺鼻的硫黄味。（张成煜，2013）

港口、工厂是敌机袭击的目标，而在江上的行船则更是完全暴露在日机的空袭炮火之下。邹鸿俊老先生1942年夏天在民政轮上亲历了一次轰炸，死里逃生的经历说起来仍令人惊魂不定。

> 邹：那天早上一起来，万县就拉警报，我衣服都还在穿，赶快就下船，在划子上，小船啊，到岸上来。还在船上，飞机就来了，就投弹了。那个划子，小船，我们十几个人在上面，那个炸弹，哦！
>
> 我：他就是照着你们投的。
>
> 邹：一个炸弹一投，那个炸弹就落到烟囱里头，我看到就遭了，没得命了。结果那个炸弹落到烟囱里头，声气都没听到。
>
> 我：没炸开？
>
> 邹：不是，炸开了，听不到，那个船一震，翻了就沉了。我还在划子上。
>
> 我：那个沉船要起来漩涡吧？
>
> 邹：一炸沉了以后我们还在划子上，就爬到岸上来，那会没看到，搞慌了，吓得不得了。赶快跑，赶快往岸上跑，跑得命都（快）没得了，气都出不了。
>
> （邹鸿俊，2010050601）

所幸这次民政轮遇险并没有人员伤亡，只是船面炸毁，船壳炸漏，但的确每次遇险时生死只在一线之间，与邹鸿俊老先生同批入公司的理货员有的已经在一年前民俗轮被炸时遇难。笔者对每个接受访问的老民生职工都问了同一个问题——在这样的危险之下，是否有人临阵脱逃、擅自离船。但老先生们答案不一，有的说"待遇好，哪个舍得跑？不舍得，不干到哪里去干。国难当头，为了国家……工作也不一定有好危险，再有飞机，比上战场要好些嘛"（邹鸿俊，20100507）。有的则说，"有的人还是怕死，跑回农村去了"（张开益，20100505）。尽管老职工们讲法不一致，但在民生公司的人事档案中的确可以看到，下级船员中出现了请长假、不假离船和逾假不归的现象（赵晓铃，2012）。在公司1938年底的《简讯》里也有记录："有少数船员不明大义，借故请假者有之，不待准假擅自离船者有之"（《请假未准前不得离船》，1938）。也许正因为民生公司的员工身份来之不易，也很少有人直接辞职，而是采取请假的办法以期名义上不脱离公司，保留住公司成员的身份。

面对安全难以保障、职工人心动摇的局面，公司采取了多种办法来对员工进行再次动员。首先，根据航段的风险程度大幅提高工资待遇。1940年6月宜昌沦陷后，民生公司紧接着开辟了重庆至三斗坪的航线，这段短短的航程被分作了三部分，从上游往下游依次是重庆至万县、万县至巴东、巴东至三斗坪，因为越往下游风险越大，员工的报酬也是递增的，"巴东以下，拿三级，万县以下，拿两级。打个比方，就是万县到巴东，拿两块，巴东以下，拿三块。万县以上，拿原工资"。在船上员工看来，这种奖励办法"有鼓励性。有些人不怕，长期走下面都要得，我工资高"（邹鸿俊，2010050601）。其次，在工资报酬之外，民生公司于1938年5月特别拟定了《为职工保障计特有新拟订战时兵险救济办法》，增设战时兵险救助，以为坚守岗位的职工安全增加保障："在抗战期中，本公司直接任用之各部职工，已取得互助保险资格，完备投保手续，并未请假离开职务，而于实际工作时，遭受兵灾身故，因超出职工互助保险章程范围，未能领受该项保险金额者，即由本公司照其所保金额，分行拨款，如数发给其受益人承领，以资救济。"从实际发生的抚恤情况来看，1941年9月公司在第433次人事会议上通过《战时职工死亡救助金及遗族生活费标准案》，决定当日起"战时死亡职工救助金遗族生活费改照原条例第五章第十六条及第十七条规定金额之六倍核给（即照战前加五倍）"（赵晓铃，2012）。

可以看到，无论是法令政策还是劳工福利方面，民生公司在进行战时劳力动员时都表现出了高度的制度创新性，这种个体企业因应环境变化和自身特点进行变通的灵活性和适切度显然是宏观层面的动员机构无法比拟的。把具体组织生产劳动的企业所做的工作纳入战时劳动力动员的考察视野中，我们进一步理解了劳动力动员的效率从何而来。

3. 以群的情感为基础的组织化动员

上文从行政制度管制、福利刺激和安全庇护的层面分析了民生公司开展战时劳工动员采取的办法，如果仅仅是这样，那充其量这只是一个以企业为基础的劳动力动员，而单纯依靠物质刺激的动员手段不可靠，也不长久。史国衡先生在《昆厂劳工》中就曾指出，工人不能安定，从根本上说是因为"找不到他自己的适当地位"，而"在这个大混乱当中，物质的凭借既不雄厚，更不能单靠工资来吸引工人，也不必把工人当作唯利是图的小人看待。应该从各方面来激发工人的热情，安定他们的生活"（史国衡，1946：136）。民生公司一直不止把自己视为"纯为赚钱"的企业，它努力的方向是"造成现代的社会生活"，它还利用员工在多年集团生活中积累起来的群的情感和群的道德，以积极的职业认同推动集体行动热情，用"以身许友"的共同体的情感动员来代替硬性制度规定。

如前所述，随着 1938 年战火逐渐波及长江中游，员工请假多有发生。1938 年 2 月，公司发布了一份题为"临难勿苟免"的通函，言辞恳切、慷慨激昂，一方面以报效国家之崇高精神激励人，一方面诉诸职工多年的组织生活休戚与共积累起来的同伴情感，希望能唤起大家"以身许友"、"甘苦共尝"："吾辈多系壮年，正是献身国家之日，应凭群策群力，共御外侮，使敌寇不能深入，则根据不失，复兴可期。若人人俱畏缩畏惧，敌一乘我，则灭亡立至，彼时吾辈宁有生理？加之近代战争，无分前方后方，皆有危险。我公司职工素尚组织，与其单独逃避，安危难卜，何若团体行动，尚易共筹良策，免除危险……我全体职工，共事公司，多者十余年，少者亦一二年，平昔甘苦共尝，休戚与共，古人以身许友临难不图苟免之精神，此时正宜表现。"（民生实业股份有限公司，1938）

民生公司内部刊物《新世界》上同期还刊发了另一文章——《非常时期的修养》，文字更浅显，说理更直接，对前述通函精神再加以直白的阐释和更为人格化的理解，文章以"我们"来称呼职工，以一种"我群"的亲切口吻号召大家追随卢作孚总经理，与国家、公司，更重要的，与同舟的兄弟共患难。不难发现，这里谈的修养很多来自传统的道德资源，忠勇、义气、群性、英雄主义，各种道德话语无分传统现代，只要能唤起共同的情感，统统都被调动起来。

　　责任既如此之重大，我们平时都是患难与共的朋友，难道国家至于今日，我们能不相共患难么？我们的卢总经理，从战事发生后，随时都是置身前线，我们怎好意思退后？古语说，"同舟共济"。公司事业大半在水上，此时正好适用这句话，大家勉力来共济时艰，借这非常时期来磨炼自己……非常时期是磨炼人的。受此磨炼者，至少要有下列几组修养，才能处之裕如。不然，一定会感觉苦闷，意冷心灰，终成为一个准亡国奴，或间接的汉奸。一、不思家庭。我国人素重家庭观念，尤其在乱离时候，慈母娇妻，巴不得儿子或丈夫，成天在一块儿。这虽是人情之常，但我们这群既已献身国家的朋友，不应该受家庭的拖累或束缚。昔人说："匈奴未灭，男儿何以家为！"我们个个应当有此气概……强寇当前，应该同仇敌忾，共御外侮；不应该英雄气短，儿女情长，随时那样的思家………四、要能合群。常人之情，一遇困难或危险，便不能抑制感情，或发烦恼，或现忿（愤）怒；或示消极，对于周围的人，往往不能合作，这不但危害团体，而且危害自己。俗语说："三个臭皮匠，当得诸葛亮。"假若处非常时期，人们合拢来各显其能，各竭其智，无形有形两方面，要销（消）除许多困难合（和）危险。若在抵挡强暴时，需要群策群力，不能单独行动，所谓"分则易折，合则难摧"，再进一层讲，处非常时期，正是人类发挥群性的最好机会。有些人平时对人非常亲切，一到有危险时，便立刻拆伙，足以证明平时之亲切皆是假的。而且有些见义勇为，临难不苟免之人，又非在处变时不易表现其特色。西谚有云："需要中之朋友，乃为真友。"我们这群朋友中，谁是真友，谁非真友现刻正是在试验中啊！（刘子周，[①] 1938）

仔细分析上面两份文献所使用的话语，我们发现它们都包含了两种语言：既说国家，又说团体。前者诉诸国家政治的高度，后者则诉诸日常生

----

① 刘子周（1900—?），1934 年进入民生公司，时任总务处襄理兼庶务股主任（黄立人等，2003：595）。

活中"群"的生活所建立起来的感情，一种对职业共同体的认同感。如果说前者是纵向的个人对国家政治所负有的道德义务，那么后者则是与共同生活的集团中的其他个体的相互间的横向联系，对于底层员工来说，可能后者更有实感，因而更有凝聚力，更能发挥团结的作用。这时候所谓的"发挥群性"，不再以抽象的公司为边界，而是落实为日常的集团生活共同体中建立的、一趟趟同舟共济的走水生活中稳固下来的兄弟之情，抽象的爱社会爱国家被具体化，落实为切身的爱兄弟的情感体验。正如涂尔干希望的那样，在个体和政治体之间构筑起社会中间团体，找到切实的中介环节，"孤独的个体"才能获得"群体的依恋感和道德的自足"（渠敬东，2014）。在一个紧密团结的群体里，"怯者不得独退"，"苟活"是不为群体接受的苟且行为，而互相照拂、坚守岗位、视死如归的英雄气概则是道德自足的来源。1941 年 8 月民俗轮被炸，全船船员不负众望，表现出了高度的"同舟"意识。虽然机舱机器已被炸停，全体机舱值班人员均不离去；当船即将倾覆沉没时，船长催水手长龙海云逃生，其慨然回答："船长不走，我怎能离开！"最后腹部中弹牺牲（凌耀伦，1990：184）。这种生死与共的情感只存在于高度整合的群体之中。涂尔干曾在《自杀论》中提及高度整合的团体——军队中士兵的利他型自杀（迪尔凯姆，2001：239—252），我们在这里看到的同生共死的群的情感也正来自军事环境中的船队。一方面要保证船只安全航行，飞机一来更要大家互相照顾。高风险的环境激发了高度的整合："在一个船嘛，同生死共患难！"（邹鸿俊，2010050601）

须知川江航道即使没有日机轰炸，本身也是滩多水急，在大量人员物资西迁的路上本身也有许多惊险，若无"同舟"精神的支持很难一次次渡过难关。解放前夕加入民生新村工作的金成元老先生在 20 世纪 40 年代初曾乘坐民生公司民主轮逃难入川，但他并非在宜昌上船，而是中途搭船。他向我们描述了全家人如何在民生公司艺高胆大的水手帮助下在青滩的急流中从木筏子登船的惊险一幕。

> 金：在宜昌上船就不惊险了，（我们上船）就在青滩，青滩上面是
> 水流最危急的地方，水流过去之后，流到底下像一个坎一样，上面的

船下去要弯下来，而且同时是三个滩连着。"青滩叶滩不是滩，崆岭才是鬼门关。"当时两个妹妹加我，三个娃娃，还有我的老外婆，还有妈妈。当时的乡亲很肯帮忙，就帮我们背到上滩上一个小木筏子上。

我：那是哪一年？

金：1941年还是1942年。到那个地方去，看到民主（轮）那个船，绞滩刚刚落尾，这些要坐船逃难逃命的，就坐个小筏子，那个小筏子真叫危险啊，本身就不宽，坐上五六个人，水跟船帮子只有这么高，船一落尾，就是那一点点时间，上面梯子放下来，这里一篙杆一撑，在江当中，你这个船要马上过去，还要马上篙到船边边，我真佩服那里的水手，一篙杆撑那个船，绞船的船头一转过去，后面几绕几推就赶上去，里面的船工拿着篙杆，"帮"的一篙杆，那一篙杆了不起哦，万一篙杆抓到了就抓到，抓不到那个船就流到滩底下，那就人仰马翻。抓到以后，往地下一蹲，"啪"一下把船扯到轮船的楼梯底下。

我：这边划子上哪个来接那个杆子？

金：是那个篙杆，就是到一定距离给你抓到，轮船只要有能抓到的地方，勾到就不能丢，那阵"再见"什么的都没有的，它拢了之后我们就上船，篙杆一松，水一冲（筏子）就冲到岸边了。那个心情，想起来真是……

我：关键是心情也很急迫。从青滩上到重庆要好久？

金：走了六七天。

（金成元，20100504）

据民生公司老船员张汝炎之子张成煜回忆：

在抗日战争中民生公司的轮船在船壳上都漆上褐色与黑色相间的"三"字形颜色（〢），特别是到湖北宜昌，或三斗坪的轮船在烟卤周围扎起了树枝，防止日本飞机发现目标轰炸。当时我父亲所在的船在江北青草坝梁沱内修理，我到父亲船上去玩，看到刚从三斗坪回来的民生公司轮船到民生机器厂修理，其中有艘叫"民康"的船，船舷上

123

有一些弹洞，父亲对我说那是日本飞机机枪扫射的。（张成煜，2013）

在整个抗日战争期间，民生公司16艘轮船被炸，其中9艘被炸沉，牺牲船员117人，76人伤残（凌耀伦，1990：184、187，抗战时期牺牲船员名单见附录2）。民生公司的职工们以血的代价证明了他们没有愧对兄弟，见证了职业共同体团结的力量。正是通过对职业团体"群"的情感的挖掘，民生公司赋予了劳工职业的自豪感和归属感，以凝聚的"群力"完成了历史使命，同时也完成了职业团体的塑造。在一个以情感和认同紧密维系的职业团体中，组织化的动员有了最根本的基础。

（二）公司对员工的翼护

在资源紧张时的物资供应或许可以看成延续战前一贯的福利政策，"职工的问题由公司解决"，但下面将要提到的帮助职工申请缓服兵役，则是非常直接的利用公司的组织地位对员工加以翼护①。1938年，公司致电请示军事委员会委员长行营，陈明因各部各轮现任在职职工"有后方交通运输重责"，申请准予缓征兵役。当年年底申请获批，"对于该公司各部各轮现任持有证明文件者概准缓役"，此后民生公司发布通函称：

> 嗣后各分部职工如有被征壮丁，需用公司证明文件请求缓役时，应由各本部主干人将被征职工之姓名职务年龄籍贯等开明报请总公司核发，以资应用。岸上各分部接此通函后，并希录案函知所在地主管兵役机关，对于所属职工请予查照缓役。

当国家向个人发出征召要求时，作为单个的个人无力拒绝，也无从选

---

① 需要说明的是，这里为职工申请缓服兵役决非回避抗战责任，如前文所述，民生公司素来重视培养集团生活中的"同舟"意识和爱国情感，不仅积极鼓励员工投入抗战军运，运送川军出川抗战，也支持内部职工直接参军为国效力。但民生公司对自身在抗战中的整体定位主要仍是承担交通重责，补助海军，"所以我们不应求自己的安全，而应求工作的安全；不应求个人的苟安和苟全、而应求工作人员在工作中间共有的安全"（卢作孚，1999：497）。因此，为了保证抗战军运任务顺利完成，不但需在日常工作中充分做好防御准备，也需解决无计划地征壮丁可能导致的员工队伍不稳船员缺额的问题。

择其为国效力的方式，但当他们以近万人的规模集合起来依附于民生公司这个航业带头企业时，他们的利益就有了一个上传的渠道。反过来，公司也因其对庞大员工群体的集合、调配的组织能力和完成运输任务的技术能力，获得了与政府对话的资格与理由，得以为他们传达群体的利益要求。从效果上来看，的确是维护了公司与职工的共同利益，维护了职工队伍也就确保了抗战时期公司最大的目标——后方交通重责的完成。

民生公司员工可以获得缓役的特殊待遇甚至吸引了地方社区面临兵役压力的年轻人来搭便车。他们纷纷涌入民生机器厂，试图以艺徒、小工身份获得缓征兵役的机会。根据重庆市政府的档案记录，1939年春"第五区三洞桥联保第十五保内一般适龄壮丁纷纷潜入民生工厂为艺徒、包工、小工等，藉图规避兵役"，民生公司则声明"从无假借通融填发缓役证明书"，最后这桩"民生工厂滥收规避兵役之徒工"的事件也就以民生公司赶造全体职工名册、保证"填发职工缓役证明必先严为稽查"不了了之。我们不知道这批艺徒小工是否搭上了缓征兵役的便车，但从这个事件中可以得到两点信息：第一，缓役的特惠待遇是政府严格控制的；第二，当时社会中一般的个人只有加入民生公司这样的负有后方生产或交通等重责的企业才有可能得到缓役机会。这也从侧面说明了民生公司在抗战全局中对国家的重要作用。

第三节　战时的公司与国家关系：松散的合作

此前有关抗战动员体制的相关研究重视国民政府行政中枢的政策法令而忽视基层具体实践，而事实上，国家设于各省（块块）的基层动员机构也被视为"层级繁叠，纵横扦格，权责不清，效率低下"，并未很好地发挥动员作用（吕晓勇，2013）。而劳动力动员不可能只是像部分研究所描写的那样，由国家发文、颁布政策就自行完成，而是需要一个国家与社会"合意""合力"的过程。如前所述，在民生公司的具体战时动员实践中，它以自己高效的行政系统和积累有年的职业共同体建设根基完成了国家与个人之间的联结和中介作用。在这里我们更清楚地看到，劳动力的组织化动员与其说是国家经济行政部门对下属企业的强制要求，不如说是动员力不足①的国家借重了公司高效率的行政结构，在国家和公司之间开始建立起了松散的合作关系。需要注意的是，这里的民生公司不是一个被动执行政府劳动力动员政策的机构，相反，它利用自己高效的行政结构优势，灵活地采用法令为经、福利为纬的动员策略，辅之以职业团体的情感动员，协调了劳工、企业和国家的利益，在完成政府下达的劳动力动员任务的同时，兼顾了劳工和企业的需求，同时还实现了对自己员工的翼护。

作为一个由民间资金建立起来的企业，民生公司本不同于国有企业，它无须国家对自己的经营状况负责，也无须国家干预自己的日常管理。但由于卢作孚在现代集团生活建设中对于理性、秩序等现代性要素以及简朴的生活方式的追求和国民政府在 1930 年代中期"新生活运动"之改造社会道德、国民精神的目标存在某种契合，卢作孚和民生公司在战前即与国民政府存在较为友好的互动。随着战事的发展，民生公司不得不全面地与国家发生关系，深化与国民政府的合作，集团利益逐步让位于国家利益。不过，一方面，战争带来了国家权力日益集中和强化；另一方面，民生公司在川江航运中的不可替代性也使它获得了法团式的身份，取得了与国家谈判、协议的资格。在共同的利益下，民生公司与国民政府达成了一种松散的合作关系。与一般我们所理解的政企合作不同的是，此时民生公司与国民政府合作最大的原因是保证特殊时期的运输。合作过程中政府部门没有寻租，民生公司更没有谋利。这一合作的过程最后反而不可避免地导致了民生公司的亏损，逐步造成了对国家的经济依附，导致战后"个人－公司－国家"同舟关系的最终式微。

（一）从"新运"到抢运：合作的深化

自 1934 年起，国民政府开始推行旨在改变国民基本生活形态、培育国民道德的新生活运动，主张"生活艺术化、生活生产化、生活军事化"，而当时民生公司之内也正在"提倡高尚娱乐，使职工生活纪律化；提高工作兴趣，力求办事科学化"（《本公司成立九周年纪念大会记录》，1934），两者对

---

① 有关国民政府动员力不足的讨论可以参见张守广（2015：122—133）。

纪律性、组织性的要求可以说是不谋而合，而新生活运动本来也有借组织建设为抗战动员做准备之意，这一点也符合民生公司一直以来的"同舟"意识教育。1934年底，新生活总会干事熊式辉来到民生公司演讲，希望将"新生活运动推广到船上"（郑璧成，1934）。1935年3月，民生公司将各轮船日常工作制度与新生活运动对清洁、条理、文明、纪律的一系列要求①相结合，形成了民生公司一套自己的"航轮新生活运动办法"。3月29日，卢作孚记录了民生公司轮船上新生活运动办法，专门致电军事委员会委员长武昌行营。4月3日，军事委员会委员长武昌行营秘书长杨永泰就卢作孚前述有关轮船上新生活运动办法向蒋介石提出拟办意见，意见谓："（卢作孚民生公司轮船上新生活运动）所行办法，井井有条，确深得新生活运动之精神。拟酌复嘉勉，并将办法抄达交通部，转饬招商局及其他商轮公司切实仿行。"（张守广，2017）1935年4月19日蒋介石致信卢作孚，赞其"尤得新运精神"。随后国民政府交通部发出了第2210号训令，称卢作孚呈递的民生公司"航轮新运办法""查其内容，井井有条，深得新生活运动的精神"，"希即令饬招商局及各地商轮公司切实仿行，以资推进"（《交通部汉口航政局训令》，转引自卢作孚，1935b）。1936年11月，新生活运动会书记长阎宝航再次来到民生公司演讲，称赞民生公司"在没有提倡新生活运动以前，差不多就在实行新生活了"（阎宝航，1936）。这的确是一个公允的评价。民生公司自建立以来就以战胜外轮公司为目标，它对秩序、纪律、清洁的追求源于对西方现代文明的主动学习，而非被动地执行政府训令。在政府随后发起的社会运动中，这"先人一步"的实践给了民生公司一个契机，作为行业先进的代表，它甚至得以超越国营的招商局参与制定行业政策。自轮船新生活运动开始，国民政府与民生公司的合作即正式开始。

抗日战争正式爆发后对交通运输提出了迫切要求，1937年下半年，卢作孚在南京参与制定了总动员计划草案。对于民生公司的战时角色做了明确表态："国家对外的战争开始了，民生公司的任务也就开始了"，"民生公

---

① 黄金麟将新生活运动视为接续清末民初以来的军国民运动、新民运动的一场身体改造运动，目的是"使芸芸众生不会再被奴隶惰性或'斗争喧嚣、粗鄙浪漫、污浊醒龊、披襟散带、萎靡颓废、犯上作乱、无所不为'视为一种天经地义的行为"（黄金麟，2006：87）。

司应该首先动员起来参加战争"（张守广，2002：190）。但是民生公司以什么样的形式参与呢？

一开始国民政府也想将全国交通运输统制起来，并采取了强行扣船的办法，1938 年初国民政府改组后才把运输全部改为商营，极大地提高了抢运效率（张守广，2002：190）①。民生公司在 1937 年陆续在镇江和湖南参与了江南地区内迁工厂物资运输与开辟水陆联运线路的工作。

考虑到未来日益紧张的战争局面下因迁都造成的公物搬迁必然对包括各轮船公司的运输效能提出更高要求，同时也为了更好地协调运输工作中的责权分配，卢作孚与民生公司同人未雨绸缪，提前制定了轮船公司承运公物器材"用商运办法，照实装吨数，按低廉运费"的总原则，并于 1938 年 4 月 15 日向蒋介石呈交《迁建委员会器材运输办法》，② 现摘录如下。

迁建委员会器材运输办法

（一）运输总量最低六万吨，最高八万吨。

（二）用商运办法、照实装吨数，按低廉运费，责成轮船公司负责承运，以提高运输效能。

（三）全部华轮参加运输。

（四）分汉宜、宜渝两段运输，因川江船只载量甚小，故必须集中行驶宜渝线，至汉宜线则以长江轮船及一部分海船担任运输。

（五）宜渝军品运输，在现状下以现有差轮同心、同德、民苏、民享四轮专运。如军品减少时，亦可加入帮助运输。如军品增多时，亦可加派轮船赶运。但于运出后应立即恢复原状。

（六）宜渝公物迁厂器材及商品之运输，以宜渝轮载量百分之三十为限。

（七）运输价格之规定：

---

① 在这次改组中卢作孚火线受命，出任交通部常务次长，主管战时水陆运输。这一航运管理政策的变化应与卢作孚入主交通部存在联系。在 1937 年 11 月 28 日，卢作孚曾呈文重庆行营参谋长贺国光，就提高汉渝间运输效率问题提出，"与其各运输工具于各机关，实不如由各机关交运品于运输机关。"（转引自张守广，2014：718）

② 《卢作孚呈蒋介石迁建委员会器材运输办法》，1938 年 4 月 15 日，重钢集团档案馆馆藏。

甲、汉宜段　此时商品运价为每公吨廿五元，拟定为枯水（十一月一日起至四月卅日止）每公吨十五元（合商品运价百分之六十）。洪水（自五月一日至十月卅一日止）每公吨十二元五角（合商品运价百分之五十）。

乙、宜渝段　此时商品运价为每公吨一百六十元，拟定为枯水（同前）每公吨三十七元（合商品运价百分之廿三）。洪水（同前）每公吨三十元（合商品运价百分之十九）。

收到卢作孚的呈文之后，蒋介石很快就予以批复，除对第六项航行宜昌重庆段之船舶载量略有提高之外，其余各项全部批准照办。[1]

汉口三教街57号运输处卢主任作孚钧鉴：

4月14日函暨迁建委员会器材运输办法均悉。准予照办。惟所拟第六项，宜渝其他公物迁厂器材及商品之运输，以宜渝轮载量30%为限一节，应增至40%为要。办法存。

中正

4月18日

由此，《迁建委员会器材运输办法》得到认可，在卢作孚的主导之下，船舶的运输能力充分发挥，内迁公物得到了有计划的运输，从而确保了大撤退的胜利，保护了国家仅有的兵工工业、重工业和轻工业的命脉，民生公司也获得了极大的社会声誉，并获得国民政府嘉奖。

（二）法团式的身份，松散的合作

根据凌耀伦在《民生公司史》中对川江运力的介绍，抗战开始之初，招商局虽然为我国当时最大的国营航运企业，拥有巨大的江海轮船，但只有17艘能进入川江，而终年能够营运川江的不过5艘中型轮船，总计1802吨，不及民生公司轮船吨位的1/10。三北公司虽然能航行长江的船舶为数

---

[1]《军委会共字第1691号代电》，交通部长江航务管理局档案中心藏，转引自张守广，2014：755。

甚多，但其退入长江的 16 艘轮船又多因吨位大、吃水深无法航行。其他强华、合众公司在川江航行的船舶也只有几艘小轮，力量微弱。而当时民生公司掌握了能航行长江上游的轮船 46 艘，计 18700 多吨，1939 年又增长为116 艘，计 30000 多吨，成为战时中国最大的轮船公司（凌耀伦，1990：173）。整个国民政府迁川以后，川江航运成了大后方交通运输的主干，不仅要承担军事物资、人员运送，而且重庆周围经济活动也要靠它。民生公司在川江航运中的不可替代性也使它赢得了与政府对话、协议的机会。1938年 1 月 6 日，国民政府改组，卢作孚火线受命，以民营企业负责人的身份出任交通部常务次长，主管战时水陆运输事务（张守广，2002：199）。此时卢作孚作为一个航运企业的领导者，兼具了制度内运输业领导的身份，反映出了民生公司在整个航业中的地位。这一任命决定可以证明，民生公司此时的地位即便称不上绝对垄断，也是其他公司难以竞争的。

上一节述及的民生公司为职工缓征兵役的申请获批，也证明了民生公司对国民政府的重要价值。在天津市档案馆①保存的几份中纺公司申请缓征兵役案的文件中，可以发现"缓服兵役"本是一个难以获批的请求。1946年 10 月 26 日，国营的中国纺织建设公司天津分公司致电天津社会局，称其缓征兵役案已由总公司签准，由行政院秘书处函知国防部准予执行；但天津社会局局长胡梦华并未直接予以批准，而是呈报了天津市政府，呈文中称，"国民政府颁布之《兵役法》对于国营工厂员工并无缓役之规定"，而该中纺公司员工所引的"有关国防工业之专长技术员工得延缓召集"条文系专指预备兵役及国民役而言，对常备现役并不适用，因此觉得"似未便任该公司一再藉延，致碍全局"，特请市长批复（天津市社会局局长胡梦华，1946）。不久以后，市长下令驳回了中国纺织建设公司的申请，理由是"现征兵期限已逾，尚未足额，不容再事延缓"（天津市政府市长杜建时，1946）。由此可见，即使对于国营工厂员工，国民政府其实也并无缓役之规定。当然，由于 1946 年 10 月国共战事已起而且战场就离天津不远，国民政

---

① 笔者未在重庆市档案馆查得关于抗战时期缓征兵役的其他资料，此处采用的是天津市几份1946 年底的档案材料。尽管时间、地点都有不同，但仍可以借此就国民政府关于缓征兵役的政策规定加以说明。

府对于兵源的需求可能更为急迫；但几乎同时，天津市政府又支持了铁路山海关路局员工的缓役申请，"准予缓役，俾得安心工作，而免影响交通"（天津市政府市长张廷谔，1946）。由此可知，一个企业的员工能否获得缓役许可，似并无明确制度规定，而是在于企业自身与民国政府的协议。那么民国政府对哪些企业的员工特别开恩，准许缓役呢？从这几份天津的档案来看，似与企业的所有制身份并无直接关系，更具决定性的，是与企业在战争全局中的重要性，或称不可替代性：铁路事关交通，是战争中尤需保护的命脉，其员工缓役申请具有不可辩驳的合理性，而中国纺织建设公司相比之下则不可替代性较弱。借此反观民生公司，它之所以能以一个民营运输企业的身份获得国营企业职工也不一定能享有的员工缓役的待遇，应该与其在川江运输上的骨干地位有着直接的关系。

在此基础上，可以说称雄川江航业的民生公司此时已经具备了获得法团式身份的必要条件。法团主义最大的特点是强调国家与社会之间合作而非竞争的关系。根据斯密特的经典界定，法团主义是"国家和社会功能组织间常规性互动体系"，"这个利益代表系统由一些组织化的功能单位构成，它们被组合进一个有明确责任（义务）的、数量限定的、非竞争性的、有层级秩序的、功能分化的结构安排之中。它得到国家的认可（如果不是由国家建立的话），并被授权给予本领域内的绝对代表地位。作为交换，它们在需求表达、领袖选择、组织支持等方面，受到国家的相对控制"（Schmitter，1979；转引自张静，2005：25—26）。从战时民生公司的情况来分析，可以认为，从"作为本职能区域的最高代表机构"、"集中和传达成员利益并协调引导其接受国家管制"、"与国家互动合作相互支持"这三个要点来说，战时的民生公司都已经具备一个法团组织的要素。从前面引述的制定航轮新生活政策、坚持以商业营运而非强制统制的方式来动员航业、积极协调组织内部关系完成国家使命等实践来看，民生公司发挥的正是一个法团组织的功能。它作为"代表功能利益的垄断组织"与国家建立协商关系，就有关公共政策提出意见，同时引导航业成员去实现与国家的合作。因此，我们说战时的民生公司具有一种法团式的身份。

但这里还要问一个问题，当时的航业有没有正式的法团组织呢？答案是肯定的。自 1930 年起，重庆的轮船同业公司已经组织成立了轮船商业同业公会，根据轮船商业同业公会的档案记载，其职责范围包括："1. 掌管航线分配，2. 航业监督管理，3. 船舶检查登记，4. 进出口货物管制，5. 运价拟订，6. 险滩规划实施以及船员训练、登记、考核，7. 航行安全等航政事宜，8. 慈善捐款，9. 向全国轮船商业同公会联会上交会费。"（邓安澜，2008a）从这个角度来说，轮船商业同业公会才是专门的、有明确责任限定的法团机构。自 1930 年起，同业公会由曾经的九江轮船公司总经理、德高望重的"川江上的老白龙"邓华益先生任理事长，他担任这一职位直到 1952 年公会停止运行为止（参见邓安澜，2008b）。不过，值得注意的是，邓华益身兼数职，他除了担任轮船商业同业公会（不领工资的）理事长以外，还是民生公司协理兼业务处经理。除他以外，民生公司总公司经理童少生、副经理李若兰也都兼任轮船商业同业公会理事。更耐人寻味的是，轮船商业同业公会的会议一般都在民生公司大楼会议室召开，并可在民生公司大楼西餐厅、中餐厅免费用餐。在为公会活动筹措经费时，民生公司承担的数额从来都是最多的，基本是其他公司的一倍半到两倍（参见邓安澜，2008a）。从实际工作运营来看，在 1947 年 3 月 24 日郑璧成至卢作孚的一封业务信函里，在提到引水费增加引起公司开支增加如何解决时，郑璧成向卢作孚报告，"已商由华益兄用公会名义反对"（黄立人，2003：832）。由这个例子可见，当时具有制度身份的法团组织轮船商业同业公会实际上主要依托民生公司。或许可以这样概括民生公司与轮船商业同业公会之间的关系：前者将后者囊括在自己的组织之中，后者作为具备制度身份的法团为前者实际发挥法团的功能提供名义上的合法性。

在使用法团主义框架讨论国家与社会关系时一个重要的问题就是合作的制度化水平的问题（张静，2005：176）。在民生公司的案例里，我们看到尽管公司领导人在一个时期内兼具体制内外的身份，但民生公司本身没有部门化，国家与它之间并非行政体系内发布命令和接受命令的关系。它自始至终都并不从属于国家，而是一直作为一个外在于国家的社会机构与国家发生一种互相支持、交换、合作的关系。它和国家之间实质性的合作是战争催生的，国家通过谈判获得了民生公司的"同意"，同时国家具有支配权。从法团模型来看，这更接近一种松散的合约（张静，2005：142）①（国家给民生公司的军运任务都是以"特约"名义），而没有建立常规性、制度化的合作体制。或者从过程性的视角来看，民生公司可视为社会法团主义制度下的典型社团。

（三）　合作的后果：依附的加深与集团利益的牺牲

上文分析了民生公司与国民政府之间的合作关系的特征，尽管这些因战争催生的松散合作并非没有建立起制度性的常规的合作体制，但在公司和国家之间的确暂时地建立起来了一种互相支持、交换的协议关系。

1942 年，时任长江区航政局局长的王洸充分肯定了民生公司为抗战航运的贡献，称其实际作用甚至超过了国营的招商局，"1940 年，到本年底为止，自抗战爆发以来开始的大规模物资抢运最终结束，总计自 1937 年 8 月到 1940 年年底，民生公司共计抢运兵工器材及公物 20 余万吨。相对于招商局自 1937 年 8 月到 1939 年底抢运公物 8.8 万吨，商货 19 万吨而言，民生公司在抢运物资的数量方面虽有所不及，但是考虑到川江之险，完全可以说民生公司的努力及作用实际上超过了招商局"（王洸，1942，转引自张守广，2002：225）。

但这些军运任务的完成是以民生公司自身集团利益的牺牲为代价的。自抗战爆发以来，多次兵差任务已造成民生公司相当大的亏损，总经理秘书李邦典就 1938 年的兵差算了一笔账。

我们再看看轮船打差向政府所领的差费。因为民勤是长期差船，我们即以民勤为例。民勤一天的成本是 671.18 元，燃料在外，政府所发的差费每天是 325.50 元，燃料费另算。这样比较下来，打一天差，

---

① 张静在《法团主义》一书中介绍了西方的法团主义者的三种理念模型：同意型、权威型、松散的合约型。所谓松散的合约型，其主要特征包括：（1）国家通过保证合约事实或同生产者集团的谈判取得支配权，功能团体的领袖保证召集其成员建立各种形式的合作约定（有时在国家的帮助下），其中较弱的合约也可能缺少约束力；（2）各团体原则上同意支持现有秩序，但特别的需求和冲突也在不时威胁着秩序；（3）合作结构建立在很高程度的自主决定基础上；与其余两种类型相比，这种类型的正式化程度较低（参见张静，2005：141—142）。

在成本上要赔 315.68 元。总计（民国）二十七年一年应差的轮船是 23 只，应差的次数是 404 次，宜渝段每次上水是 4 天，下水是 2 天。假定这 404 次完全算是下水差，则为 808 天。大小船平均假定依照民勤的例来说，民生公司在这 808 天的兵差当中，就要赔到二十五万五千有零。这样大的一个数目，足可又添五只小轮，或者再组织一个小航业公司。（李邦典，1939）

在兵差亏累之外，1939 年 4 月起，有关当局开始统制轮船票价，到 1941 年 3 月，共修订轮船货物运价 4 次（王洸，1942；转引自张守广，2002：219）。轮船票价统制政策进一步导致了民生公司运费亏折，基础削弱，不得已于 1941 年开始大规模申请政府贷款。①

作为对民生公司承担主要抗战运输任务的回报，国民政府也为民生公司提供了多种形式的支持，例如批准民生公司发行公司债，认购者主要是国家银行（凌耀伦，1990：265）；又如通过政府、军政部、后勤部等各部门为民生公司轮船被炸、低价打公差收入受损提供补贴（凌耀伦，1990：269）。

在民生公司档案中我们看到，中国银行、中央银行、交通银行、中国农业银行四家银行 1941—1945 年为民生公司提供的贷款总额达到 5 亿 5 千万，而且借期长、利息低（转引自凌耀伦，1990：266—268）。当时的观察家也指出，这些积极扶持航业的政策有效地缓解了大后方内核航运业资金短缺方面的压力。"民生公司 1943 年……船舶至少有 80% 以上均已抵押于国家银行。如无国家银行的巨额贷款支持，民生公司很难维持"（金龙灵，1943）。在政府

---

① 民生公司 1939 年第一次出现账面亏损，根据熊甫等（1984）的分析，"亏损原因固然与长江下游沦陷，航线缩短和通货膨胀有关，但更重要的原因在于公司提高了各项折旧比率。根据 1942 年《民生实业公司损耗情形与补救办法》及同年第 17 届《决算报告》记载，当时国民党政府规定船舶折旧率铁船为二十年折完，而民生公司则以抗战期间不能彻底维修为理由，改为按轮船质量缩短为十年、八年、五年、三年折完。例如 1942 年船舶折旧累计占船舶总值 37.65%，当年各项准备（包括固定资产折旧、防险、呆账、特别福利基金准备等）累计占固定资产总值的 63%，当年折旧费大约 750 万元，如按国民党政府规定的折旧率，则只折 240 万元左右，即多折旧 500 万元，该年账面纯损近 280 万元。故公司账面上出现的亏损，是表面的，实际上是转为内部积累"。战时民生公司航运收入剧减，但通过发展附属事业与投资业、扩大固定资产折旧与停发股东和职工个人红酬的办法弥补了航运业务造成的亏损。因此实际在抗战结束前，民生公司是略有盈余的。

提供的低息贷款和巨额补贴下，民生公司得以渡过战时的周转困难，但另一层后果是，公司对国家和国家银行的经济依附也大大增加。到抗战后期，民生公司的资金周转全都依赖中央银行。从公司的股权分配构成来看，银行持股也由 1936 年的 3.2% 骤增到 1945 年的 39.2%（参见严中平等，1955）。

民生公司与国家达成的合作关系也为它与地方政府间的利益协商和谈判提供了便利。重庆市档案局的材料显示，民生公司以为国服务亏累深重为由，申请重庆市财政局免收轮船停泊捐，重庆市政府表示体恤，对申请予以了支持，同时，为避免其他航商效仿民生公司群起申请免捐从而影响捐收，重庆市财政局还代为设计了一个先照章纳捐、后发还捐款的方案来掩人耳目。

> 查民生公司欠缴本市轮船停泊捐一案，迭经本局陈明办理经过详情，并经四川省市政府明令特许豁免有案。迄至抗战军兴以后，外轮乘此时机获利特丰，而该公司则全系担当长江及后方运输任务，历举为公家供应兵差、减收运费各种事实，因此亏累已深，又值此长期抗战之际，该公司此后效力之处尚多，若令饬缴纳停泊捐，所虑亏累过深不能支持，将影响后方军运，再呈请予以豁免，庶期得以维系各节，经查委属实情，惟对于该公司独予援案豁免，则本市中外航商自必藉以为例，影响捐收非浅，兹为兼筹并顾，计划拟具变通办法如次：仍饬该公司照章纳捐，于月终或年终按其所缴捐额发还部分，作为政府补助该公司之款，用示体恤而资兼顾。（重庆市财政局，1940）

由此可见，在建立了与国民政府的合作关系之后，民生公司与地方政府间的利益协商与谈判能力也相应增强。但这种谈判的资格和能力建立在民生公司与国民政府松散的合作基础之上，因此同样也并不具有稳定性。

总的来看，由于战争这个过程性的因素，民生公司与职工群体之间、与国家之间的关系都经历了一个变化。战前职工从经济上、生活上、情感上依附公司，公司为职工提供照顾与训练。而战争的过程带来了国家权力的全面强化和对社会力量的强势动员，民生公司职工－公司－国家的关系受到巨大影响。一方面，职工、公司、国家之间的共同的利益关系更进一步强化，职工响应公司动员，积极投入公司组织的抗战军运和物资、人员抢运，在紧张的交通运输与大后方建设中，公司亦与入川后的政府形成更多更深的合作。另一方面，国家以民生公司为中介，实现了对战时特殊行业、特殊技术员工的人力管制，同时，与国家形成合作关系的民生公司也利用自己的组织地位为员工主张权利，提供翼护。图4-2表示的是战时民生职工、民生公司与国家的关系。

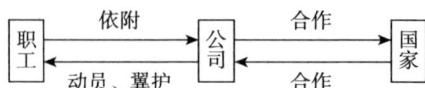

图4-2　战时职工-公司-国家关系示意

第四节　尾声：战后难以为继的同舟关系

在访问民生老职工的过程中，不止一位受访者提醒笔者要注意战前战后的变化。刘本祥老先生说：

> 我觉得抗战前和抗战后是有很大的不同的。这个集体生活，民生公司真正的精神的发扬，最主要是在抗战前和抗战初期，抗战后期不晓得什么原因，我很难说清楚，我进民生公司之后，过集体生活的情况，因为当然一方面是我的工作关系，我在船上，就比较少了，比如说我听说唱《满江红》这些，都是岸上的，公司总部的员工，他们每个星期上班的时候去唱，我们在船上没机会去参加这些活动，比如每个周末组织青年员工到各地参观，到北碚呀，到哪里去参观，《新世界》写得有，我们就没得了，我们就没享受过，可能初期这个精神更突出些。有这个情况。《新世界》登载的那些，员工参加集体活动当中，不管学习也好，旅游也好，比赛也好，等等，在我进民生公司以后就很少有了。（刘本祥，2009111001）

在刘本祥感受的背后，是实实在在的"同舟"关系的变化。由于抗战后期的民生航运收入不佳，加上战后实力迅速扩张的招商局对民生公司一再的排斥、挤压，民生公司很快就陷入了入不敷出的尴尬境地，不得不一次次向国民政府有关部门发呈文、上说帖，申请提前预借差费（凌耀伦，1990：372—375）。在财政困局之下，民生公司连发放职工工资都困难。同时，由于抗战末期恶性通胀，职工原有工资难以维持生活，陷入经营困境的公司还不得不面对员工收入和待遇下降引发的劳资矛盾。1944年，岸上职工第一次提出要增加工资，公司应承了职工的要求；1945年，川江船员们也第一次提出了加薪的要求，公司方面拖延未予答应，于是船员们就在川江上游和渝涪、渝合各线全面停航罢工；1946年，职工要求与招商局工资看齐，遭公司拒绝后上海、汉口、重庆的船同时大罢工两天，迫使公司让步，接受了职工的条件（童少生，1983）。1946年9月，民生机器厂工人也因涨薪要求未获批准爆发工潮（赵晓铃，2010：195—198）。

危险的抗战运输期间没有出现过的罢航、罢工在这一时段频繁地出现了，标志着职工与公司利益分歧的出现，战时职工与公司之间结成的同舟关系已松动。另外，公司与国家之间的互相支持与合作也难以为继。随着战争的结束，国家不再面临民族危亡，因此其对社会资源的统制也难以再获得合法性。1947年，长期饱受兵差之苦的民生公司与国民政府间的合作也走到了尽头。在1947年3月郑璧成至卢作孚的信函中，郑璧成语带怨气地指出，差船的"收入与支出约为一比四之比。公司亏折期中尚需借贷，以贴差船之损失，政府刻薄寡恩，莫此为甚"（郑璧成，1947）。当年7月，由于民生公司提出请政府归还长期执行差运的轮船未获批准，激起罢航，"以消极抵抗国民党当局之繁重军运，坚持三天，直至二十六日当局答应发还民本、民武两辆返渝，并保证由九江、沙市上航之民联、民贵不得应差为止"（转引自邓安澜，2010）。这次罢航事件既说明了民生公司与国民政府的合作最终破裂，也从侧面反映了此前与国民政府结成的合作关系之松散。如换成执行国家行政命令的国营企业招商局，罢航是不可想象的。在国民政府的支持下，招商局大量接收了敌伪船只以及美军剩余舰艇，战后其轮船吨位数一跃由战时的2.3万多吨暴增至34万吨，独占航业鳌头。1947年，虽然民生公司的吨位数在全国仍排在第二位，但仅有招商局的

1/5，只有 5 万多吨（凌耀伦，1990：380、383）。本无制度内身份的民生公司在航业中的影响力骤然下降，不复战时的航业垄断地位，从航业的领导者、航业利益的代表者、可以与国民政府谈条件的法团式身份下降为一个为自身集团利益苦苦争斗的普通民营企业。虽然民生公司在经济上仍有求于国家银行，但国家给民生的贷款和补贴相比战时却大大减少，1946—1947 年的公司借款只相当于总收入的 1/10，而且多是一两个月的短期借款。

至 1949 年，公司的亏损甚至达到 27%（凌耀伦，1990：380），第一次无法发出职工工资。至当年年底重庆解放后，在人民政权支持下的西崽、助理员、轮船厨工纷纷提出提高待遇、改为正式职工的要求。① 其中西崽要求提高待遇的几封文件值得注意。1950 年 1 月，"民生公司全体西崽"曾两次向公司提出签呈，"恳请"公司改善待遇，指出"西崽为公司任用，复属额内人员，仅有膳费而无工资殊属失平"，"请同公司内之工友同等待遇"，尚属协商口气，但一个月以后的另一份函件里口气则变得强硬起来，更用上了"阶级剥削"的框架，称"西崽制，是一种帝国主义的奴役中国劳苦人民的一种形式，是间接服从于买办阶级利益的，这种剥削制度的形式是残酷无比的"，要求"一，立即废除这种买办型帝国主义奴役劳苦人民的'西崽'耻辱制度。二，我们有参加公司任何组织的选举权。三，确定我们的工作地位，而应制定工资标准。四，我们在工作中学习的技能有经过考试制而提升为正式技工的权力"。而且，"我们的要求是合理的，服务课的先生们，请你们不要不重视我们的这一正当要求，我们相信，整个的工人兄弟们以及各阶级的兄弟们一定同情我们这一要求，应立即援助我们获得从这最残酷的剥削中解放出来"（赵晓铃，2010：97—99）。在西崽诉苦的过程中，服务课的先生和工人兄弟们被看作立场不同的两个群体，不再属于同一个职业共同体，战时同舟共济的局面在各种情势的压力之下逐渐式微。

---

① 成立于 1950 年 2 月的"重庆市海员工会筹备会民生实业公司公司分会"支持了西崽提高待遇，又支持了助理员以下职员的涨薪要求，进一步引起理货员看舱员服务员等一系列调整底薪。后来海员工会临时工作委员会向市总工会自我检讨，认为"劳资纠纷愈处理愈多，这是一个政策性的错误"（参见赵晓玲，2010：104）。

第五章
总结与讨论

第一节　总结

回到本书开篇，抗战最艰难的时刻民生公司主持完成的宜昌抢运以其时间之紧迫、任务之繁重、组织工作之艰巨、对保存抗战实力之极度重要性而有着"中国实业上的敦刻尔克撤退"之美誉。作为一个非军事单位，也非政府机构的组织，民生公司如何得以运行有方，在风险环境下上下"同舟"，以高度的整合奔赴军机、不辱使命？事后有人称卢作孚"以一己之力保全了民族工业"，其实不然。从社会学的视角来看，这一伟大事功非一人之力，亦非一时之功。战争从来都是参战国家与社会之动员力、组织力的集中体现与较量。抗战时期民生公司宜昌抢运的成功及以后物资、人员运输任务的完成，是动员的奇迹，是职业团结的表征，是一个社会群力振奋的体现，实乃近代以来由严复、梁启超首倡，经由民生公司卢作孚、甘南引等先驱尽力促动，为民生上下全体职工证明的人群整合与社会建设之勋业。

本书以社会学的视角，回到卢作孚先生的社会思想以及民生公司1925—1945 年二十年现代企业建设过程，考察了卢作孚所设想的"现代集团生活建设"作为职业共同体建设和社会群力培育方案的形式、特点、作用机制与历史意义。

进入近代社会以来，中国面对西方现代资本主义文明的冲击和列强的侵夺，一次次面临民族危亡。在"社会总体性危机"中，部分精英知识分子看到了欲救亡必先建设的必要性，提出了改革中国传统社会松散结构、整合基层力量的方案，力图增强社会内部组织性，将个人的力量凝聚到组织上来。民生公司的现代集团建设方案也从属于这一社会组织建设的潮流，只是与梁漱溟、晏阳初选择在乡村重建组织不同，卢作孚在乡村建设之外，还将组织建在城市中，在现代企业里，他将现代集团建设与现代集团生活的建设合二为一，在转变经济组织形式的同时去改变社会组织方式；同是建企业，他不像张謇那样诉诸旧道德，而是要彻底打破传统的旧的社会关系，建设现代的相互依赖关系；他赞同晏阳初对人的道德培育的重视，却反对根本否定中国传统的集体主义倾向，力图在现代集团生活中去增强人的"群性"，增进对职业共同体的认同，从而在根本上长养社会的"群力"。

通过对民生公司自 1925 年成立以来到抗战时期的职业共同体构建过程的分析，我们发现，民生公司这一企业团体在很大程度上可以看作涂尔干所设想的围绕共同职业、共同生活，在共同的"群"的情感基础上建立起来的法人团体的中国版本。在抗日战争的过程中，借着民族主义精神对"同舟"意识的强化，民生公司真正建立了一种职业团结，实现了以职业整合人群的目标。战前，职工就从经济上、生活上、情感上依附公司，公司为职工提供照顾与训练。在战争这个过程性因素的影响下，职工与公司之间、公司与国家之间的关系变得更为紧密。一方面，战争促使职工、公司、国家之间的共同利益关系进一步强化，职工响应公司动员积极完成运输重责，同时公司也与入川后的国民政府结成了松散的合作，在经济上对国家加深了依附；另一方面，国家以民生公司为中介，实现了对战时特殊行业、特殊技术员工的人力管制，同时，与国家形成合作关系的民生公司也利用自己的法团式地位为员工主张权利，提供翼护。而战后随着外部制度环境的改变，民生公司与政府之间出现利益分歧，二者之间原本松散的合作渐渐式微，战时亲密的"同舟"关系难以为继。

考察民生公司的内部劳动体制和人际关系，可以发现尽管公司内部仍存在职员与工人的分工，但普通职员与工人的待遇区别不大，而且由于内部劳动力市场的存在，从工人向职员、从底层向中上层晋升的渠道是开放的，基本没有所谓"君子"与"小人"之间的鸿沟。包括船员教育等各种各样的群的活动以及在公司正式科层结构之外职工群体内部纵横嵌套的社团、帮派等组织进一步凝聚了职工群体，直到 1940 年代末之前，公司上下对职业共同体的认同是主旋律，并没有出现劳方与资方间的明显矛盾。维系公司团结的更多的是职业共同体的情感纽带。因此，从劳工治理的角度，可以说民生公司内部的职业共同体建设在某种程度上实现了劳工社会学家陈达所提出的随制度变迁改造民情的期望（闻翔，2018：130），在旧式的行会制度解体之后，初步探索出了淡化阶层之间差异与隔阂、建基于现代科层制度之分工合作的职业群体团结与社会发育之道。

第二节　进一步的讨论

通过对民生公司管理体制的考察我们发现，一方面民生公司采取了现代主义的理性、科层的管理制度，限制其中的个人权力以及私人之间的依附关系，但另一方面，它也吸收了家文化对家庭成员提供福利和庇护的传统，从整体上复制了家长制的管理方式，它要求员工在经济上、生活上乃至精神上全面依附企业，企业提供工资收入、福利作为交换。战争期间，企业则竭力为员工提供稳定的生活来源和安全的身份，以公司的翼护来确保员工团体的忠诚与稳定。

西方现代工业兴起之后出现的是工作场所和生活场所的分离，民生公司却恰恰相反，卢作孚将民生公司视为一个建设大同世界的试验场，力求建成一个"精神家庭化"的事业。因此，像家庭所发挥的功能一样，公司将职工的生活手把手地管起来。大家围绕着事业形成一个互相依赖的生活共同体，公司就是员工的家，为他们提供安身立命的职业、共同生活的空间和心理认同的家园。

在中国现代化进程中，对传统道德、制度和组织资源的继承与改造是讨论社会变迁时一个不可回避的问题。孙中山曾指出，到了民国"君主可以不要，忠字不能不要"（孙中山，1968/1924：244），他的革命事业的确也在会党的帮助下获得了成功。共产党在民国前期的工人运动中对旧式工人团体的利用也是将传统组织资源为我所用的例子（杨可，2010）。即便在清末民初对女性角色进行重新规范的过程中，女性也仍被期望保持效忠和服从的美德，只是效忠的对象不再限于夫家，而是通过母亲的角色与民族国家相联系。我们这里讨论的民生公司，则为传统向现代的过渡提供了一个由企业组织入手，从社会组织变革到社会心理变革的版本，正所谓"借一桩事业，以作改建社会心理之途径"（陈觉生，1937）。卢作孚作为一个具有现代眼光的教育家、企业家，以创新性的组织实践呼应梁启超、严复对于"新民"和增强"群力"的期望，在人的身份认同、社会组织机制以及伦理期待上推动传统向现代的变迁。从这个意义上说，民国时期的民生公司，可以视为在经济、社会和文化领域内传统制度向现代变迁的一个生动缩影。

作为一个历史案例的研究，本研究对地方社会文化以及当时国家的政治、经济乃至军事环境等方面历史特殊性的内容进行了考察，但也由此揭示出当下社会组织结构和制度的由来。在对民生公司职工个体、企业组织、国民政府三者互动关系的考察中，我们发现，这是中国在现代城市社会中最早期地围绕现代事业建立大规模的集团生活的探索，是以共同的群体生活为基础打造现代职业共同体最早的尝试。从时间和空间上的安排上，人们开始习惯于以企业组织为中心，他们开始按照企业的时间表上下班，开始习惯于生活在一个职业团体组成的空间之内。从职工个体来说，开始在经济、社会生活、情感上全面对企业组织产生依附。对个人生活而言，工作场所的意义开始突显；从社会组织方式而言，围绕职业建立起来的集团开始获得重要性。因此，笔者认为，从个人－企业组织－国家的紧密关系而言，本案例可视为对中国单位社会之历史起源的一种机制性的解释。

研究单位制历史起源的学者路风（1993）将单位制与供给制和革命根据地联系，强调国家行政体制对经济组织和个人活动的控制。卞历南（2011）也曾指出历史上抗战时期的制度变迁对1949年以后单位体制的形成所造成的影响。但卞历南将单位制这种企业治理模式追溯到政治权威对劳动体制的绝对影响上，过于强调官方政策指令对制度变迁的影响，忽略了对这些政策条令赖以运行的实在的民情基础的考察。

　　毋庸置疑，革命根据地时期的供给制或者抗战时期国民政府在官僚机构和计划体制上的变迁的确给 1949 年以后中国的单位制留下了核心的制度遗产，但从 20 世纪 80 年代以来的对单位制的研究看来，单位制作为国家与个体遭遇并实施操控的一面被充分甚至是过分强调，而对单位制何以能顺畅推行几十年，却缺乏一种对制度结构之外的情感结构的深入考察和体认。诚如涂尔干在对职业伦理的讨论中所指出的那样，"在文字的背后，还有体现它的精神：还有能够将个体维系于由个体组成的群体的纽带，将个体维系于所有群体有关的事物的纽带。所有这些，都是社会情感，都是集体期望，都是我们共同持有和尊重的传统，它们可以为传统赋予意义和生命，照亮个体运用规范的路径"（涂尔干，2006：24）。具体到单位制研究中，张静（2001）就曾指出单位在社会控制之外还有作为个体与国家之中介、上下协调的一面。事实上，正如田毅鹏、刘杰（2010）所指出的，单位社会最具实质意义的关键词不是"社会控制"，而是"社会动员"；不是"自上而下"的消极防范，而是"自下而上"的积极参与动员。如果将民生公司视为一个正在形成中的单位社会中的组织细胞，其职工与公司的相互依附的情感关系足以证明，从基层社会的角度来看，工人对现代企业的经济生活、社会生活、心理情感的依附在共产党建立国家政权之前就已经被制造出来了，换言之，人们对于职业之情感结构的变化可能早于单位制的建立。而企业组织与国家的相互依赖也同样有可能起源更早，因战争期间的社会统制管理的需要，作为行业利益代表的一些大型企业可能因此成为国家与职工之间的中介组织，一方面实现国家对社会的动员、管理，另一方面作为职工利益组织和传递的手段发挥作用。

　　与新中国成立后全面建立起来的"单位"不同，民生公司不是一个国营企业，它经济基本独立，面向市场。国家与民生公司不是发布命令－执行命令的关系，只是临时达成协议，建立合约。在民生公司内部，各级组织都没有诉诸特殊的政治标准，对成员的要求不是出于政治利益的考量而更多的是出于对业绩的看重。也就是说，战时国家与民生公司、民生公司与职工之间的"同舟共济"关系完全建基于民族危亡的背景下各方对共同利益的认识，并没有政治依附的色彩。

附录3将民生公司的员工福利项目和魏昂德在《共产党社会的新传统主义》中所列出的我国改革以前的国营企业通行的福利制度加以比较，由附录3可见，民生公司为员工提供的福利项目之多，覆盖范围之广，福利额度之高，甚至超过了1949年之后的国营企业的一般标准。正因为没有单位社会里权威体制下那种员工对企业的政治依附，民生公司只有借助于经济手段与情感结构，通过尽可能地对群体成员加以翼护来保证员工群体的凝聚与依附。

我们知道，20世纪上半叶中国早期工业化进程中的现代企业组织建设要同时面临社会建设和民族国家建设的问题。旧的集团形式要打破，但又不能接受一盘散沙的局面，必须形成新的联合来解决"散"的问题。它是社会建设的尝试，但同时也是民族国家建设的必需。它所推出的种种福利也不是为了缓和劳资矛盾、由劳工与资方斗争争取来的改良方案，而是近代士绅转型而来的知识精英的主动求变，是带着理想色彩的自主转型。因此，我们注意到，民生公司给予职工的优厚福利，带有一种自上而下、精英赋予的性质。它致力于打造的，不是具有自主性的、可与企业协商的工业公民，而是敬业乐群、以集体利益为上的职业群体和能为国奉献的国民。如果说布洛维在联合企业中所观察到的内部国家是以打造工业公民、将劳工阶级原子化的方法来削弱劳工联合斗争的可能，那么民生公司则并非借由打造工业公民的方式而是以法团式的结合和家父长主义的治理来处理劳资内部关系。职工有对企业忠诚的义务，同时享有受企业照顾的权利，推至企业与国家的关系亦然。

这种局面的深层原因，是民生公司的劳动体制并未对集体主义的文化形成根本的挑战。民生公司的劳动管理在现代、科层的一面以外，也同时利用了东亚传统文化中的"抱团"（togetherness）心理，并在此基础上培育出新的现代的依附形式，为1950年代兴起的单位制以及单位制中的问题埋下伏笔。

李猛等（1996）曾呼吁要对单位和单位制做"长期动态学"的研究，考察"单位何以形成今天这种组织形式"的，近年来也有学者响应这一号召不断推出对单位制"动态学"研究的新作，指出应将单位社会的起源和形成放置到 20 世纪以来中国社会的"危机"和"重建"的高度上来理解（田毅鹏、漆思，2005；田毅鹏、刘杰，2010）。正如田毅鹏、刘杰（2010）所言，"传统单位体制等消解和取代之的新的组织体制的诞生，是一个漫长复杂的过程，绝不可能一蹴而就"，同样，单位体制的形成也是一个复杂漫长的过程，它与民族国家的危机同步出现，但未必一定与民族国家作为全国性制度的建立同步。作为克服传统社会涣散无力之根本弊端、发展现代民族国家之方案，以职业共同体建设为基点的社会"群力"建设可能与此后的单位制出现某种相承关系。本研究力图通过回望这一条"个人 - 职业共同体 - 国家"的现代城市组织制度变迁道路，从人的职业角色塑造、组织机制的成熟以及现代社会发育的角度还原中国本土社会建设的实践经验，并由此增进对今天的社会组织形态发展趋势和组织制度形成之内在规则的理解。如果我们同意将 1949 年之后的单位在某种程度上也视为个人 - 职业共同体 - 国家同舟关系的延续，民生公司的探索也并非后继无人。正是他们的职业共同体建设奠定了此后的单位社会中人们的情感结构，塑造了团结最根本的基础。而对当前国有企业福利实践的考察发现，单位制在中国盛行多年之后，影响并未完全消散，尤其是国有企业的福利实践仍带有很深的组织印记（韩亦等，2018）。在企业社会责任的现代潮流与重视劳资协调的制度环境的促动之下，这些国企身上源自单位制时期的组织印记未必会走向完全消退，甚至还可能进一步维持和扩散。

　　本研究是一项历史案例研究，亦是一项与中国当下社会变迁相关联的研究。从传统到现代的变迁说到底是人的转变。费孝通晚年曾指出，"中国有两个问题：一个是工业到农村里面去，成为乡镇企业；一个是农民出来到工厂里面去，成为城市工人，这两个过程是很有意思的，这是中国的一个大转变，真正社会的转变就是人的转变嘛"（费孝通、方李莉，2000）。他从昆厂研究的经验中感到担忧，因过渡时期社会解组，新的工厂组织"并不能形成传统的社会团结"（费孝通，1946：233）。他在晚年主张在新式工业中讲求人和人的契合，重建社会团结的微观基础。而工厂组织内部的团结不应仅仅是制度主义的，也是人心和教化意义上的（闻翔，2018）。涂尔干在职业伦理的研究中亦深刻地指出，当规范确立下来之后，"我们依然需要填写一页空白"，"然而，对规范来说……这不是如何通过外在和机械的方式将所有变化协调起来的问题，而是促使人们的内心相互理解的问题"（涂尔干，2006：25、26）。这也是卢作孚在民生公司以"人的训练"为宗旨的社会改革实验中所追求的目标。本书希望通过民生公司这一微观案例，通过探究凝聚在"同舟"精神之上的公司船岸职工对航业运输之职业价值、成员义务与权利的理解，透视以共同生活为基础的职业共同体的价值观以及在此基础上推出的对公共生活以及国家的道德义务与情感。本书期望通过着力于制度结构变革之外的基层行动所形塑的心理与情感结构，为理解社会学先驱们强调的现代变迁背景下社会团结之机制与过程提供助益。

卢作孚先生以其毕生的实践向我们证明了陶孟和所说的"有目的的演化风尚"（陶孟和，2008：181）是可为的，"如果社会要求的是对的，我们就要遵从它；如果社会要求的是不对的，我们就要努力把它改造过"（卢作孚，1999：212）。值得注意的是，民生公司的探索并非孤例，仅就笔者所见而言，清末张謇的大生集团，民国时期的宝元通、永久黄、美丰银行、商务印书馆、申新三厂、东亚毛纺厂、恒源纱厂等各行各业的模范企业都积极探索现代职业共同体建设之道。在沉寂了多年之后，这些企业重又引起了研究者的关注，在方兴未艾的"企业社会责任"、"社会企业"、"劳工治理""宿舍共同体"等议题之下，这些企业组织宝贵的历史实践又重新成为研究者的关注焦点（杜洁等，2017；杜洁、潘家恩，2018；杨可，2016；宣朝庆、司文晶，2019）。今天，当我们在深圳某大型电子厂外的网吧看到青年农民工通宵流连忘返，当我们听到工厂管理层抱怨新建的篮球场无人问津、工人们"并不领情"，当我们责备宿舍劳动体制将工人逼上绝境，也许我们应回到这些模范企业为我们提供的职业共同体建设的本土实践案例，跳出劳资对立的困局，寻求围绕人的职业角色在现代组织中创设基于平等关系的社会纽带、培育公共责任与公民道德的可能路径。

由于材料和笔者水平的局限，本研究留下了一些遗憾，仍有一些相关理论问题未深入探讨下去，例如，本研究未能回答以企业组织塑造职业团结之路是如何在战后，尤其是 1950 年代之后发生了巨大变化。诸如企业内部的共同体建设起作用的边界和条件为何、职业共同体内部的情感如何在更大范围的公共生活中带来责任感、集团利益如何不封闭形成新的集团分化、职业共同体的利益与国家利益如何平衡等问题值得进一步探究下去，希望本研究为这些问题的讨论提供一个起点。

参考文献

安戈、陈佩华，2001，《中国、组合主义及东亚模式》，《战略与管理》第
　　1 期。

《补白之消息》，1932，《新世界》第 4 期。

白桦，1933，《一封公开给现代青年的信——请参加到革命的集团来！》，
　　《人民周报》。

《本公司成立九周年纪念大会记录》，1934，《新世界》第 56 期。

《本公司训练委员会议记录》，1933，《新世界》第 35 期。

卞历南，2011，《制度变迁的逻辑：中国现代国营企业制度之形成》，杭州：
　　浙江大学出版社。

布劳，彼得，1988，《社会生活中的交换与权力》，孙飞、张黎勤译，北京：
　　华夏出版社。

布若威，迈克，2005，《制造甘愿》，林宗弘等译，台北：群学出版社。

布若威，迈克尔，2008，《制造同意——垄断资本主义劳动过程的变迁》，
　　李荣荣译，北京：商务印书馆。

《茶房集团活动》，1936，《新世界》第 89 期。

长厚，1934，《船务处的星期活动》，《新世界》第 56 期。

常凯，2003，《经济全球化与企业社会责任运动》，《工会理论与实践》第
　　4 期。

陈达，1929，《中国劳工问题》，上海：商务印书馆。

陈代禄，1934，《洋国人的本事也不过如此》，《新世界》第 39 期。

陈国珫，1937，《精神讲话》，北京：人民日报出版社。

陈宏辉、贾生华，2003，《企业社会责任观的演进与发展：基于综合性社会契约的理解》，《中国工业经济》第 12 期。

陈霁琼，1984，《我所知道的宝元通百货公司》，载中国民主建国会重庆市委员会、重庆市工商联合会文史资料工作委员会编《重庆工商史料》第四辑，重庆：重庆出版社。

陈家建，2010，《法团主义与当代中国社会》，《社会学研究》第 2 期。

陈觉生，1937，《本公司大事纪略弁言》，《民生实业公司十一周年纪念刊》。

重庆晨报，2009，《九旬老先生陈代六 重庆足球活化石》，5 月 28 日第 21 版。

重庆市财政局，1940，《为民生公司请免本市轮船停泊捐一案谨拟具变通办法两项签请核示由》，4 月 16 日。重庆市档案馆，档案号 1002251848 – 1853。

重庆市警察局，1944，《关于报送民生公司消费合作社发售职员家属食米跌伤人数经过情形上重庆市政府的呈》，3 月 11 日。重庆市档案馆，档案号 1002187847 – 8。

杜洁、潘家恩，2018，《近代中国在地型社会企业的探索与创新——以张謇的"大生集团"与近代南通建设为例》，《上海大学学报》（社会科学版）第 1 期。

杜洁、张兰英、温铁军，2017，《社会企业与社会治理的本土化——以卢作孚的民生公司和北碚建设为例》，《探索》第 3 期。

邓安澜，2008a，《川江航运往事——回忆重庆市轮船商业同业公会》（之二），http://blog. ifeng. com/article/18762217. html。

邓安澜，2008b，《回忆重庆轮船同业公会理事长——先父邓华益先生》，http://blog. ifeng. com/article/1692848. html。

邓安澜，2010，《抵抗当局繁重军差 民生公司罢航胜利》，http://bloghistory. news. ifeng. com/article/5548140. html。

邓少琴、卢作孚，2017/1929，《金钱不算奖励 事做成功才算真正奖励》，载项锦熙编《民国时期嘉陵江三峡地区演讲集》，北京：人民日报出版社。

迪尔，特伦斯、艾伦·肯尼迪，2008，《企业文化——企业生活中的礼仪与仪式》，李原、孙健敏译，北京：中国人民大学出版社。

迪尔凯姆，2001，《自杀论》，冯韵文译，北京：商务印书馆。

丁乙，1988，《西方社会学初传中国考》，《社会学研究》第 6 期。

费孝通，1946，《书后》，载史国衡《昆厂劳工》，重庆：商务印书馆。

费孝通，1998，《乡土中国 生育制度》，北京：北京大学出版社。

费孝通，2000，《工业文明进程中的思考》，《民族艺术》第 2 期。

傅春晖，2014，《包买制：历史沿革及其理论意义》，《社会学研究》第 2 期。

伽达默尔，汉斯－格奥尔格，2007/1960，《诠释学 I 真理与方法》（修订译本），洪汉鼎译，北京：商务印书馆。

江红英，2005，《抗战期间国民政府的劳动力管制》，载中国社会科学院近代史研究所编《中国抗战与世界反法西斯战争——纪念中国人民抗日战争暨世界反法西斯战争胜利 60 周年学术研讨会文集》（中卷），北京：社会科学文献出版社。

甘南引，1924，《中国青年婚姻问题调查》，《社会学杂志》2 ~ 3 号合订本。

甘南引，1933，《公余时间的七麟八爪》，《新世界》第 35 期。

甘南引，1934a，《人事报告》，《新世界》第 41 期。

甘南引，1934b，《渝蓉航线视察印象》，《新世界》第 57 期。

甘南引，1937，《本公司之人事》，《民生实业公司十一周年纪念刊》，内部资料。

高超群，2003，《科学管理改革与劳资关系——以申新三厂和民生公司为中心》，《中国经济史研究》第 3 期。

顾昕、王旭，2005，《从国家主义到法团主义——中国市场转型过程中国家与专业团体关系的演变》，《社会学研究》第 2 期。

《瓜豆一盘》，1936，《新世界》第 106 期。

《瓜豆第三盘》，1937，《新世界》第十卷第 3、4 期。

苟翠屏，2005，《卢作孚、晏阳初乡村建设思想之比较》，《西南师范大学学报》（人文社会科学版），第 5 期。

韩尚敏，1936，《民生职工家属工业社一瞥》，《新世界》第 103 ~ 104 期。

韩亦、郑恩营，2018，《组织印记与中国国有企业的福利实践》，《社会学研究》第 3 期。

衡芳珍，2014，《抗战时期国民政府的"劳工统制"与劳工立法》，《中州学刊》第 5 期。

洪尼格，艾米莉，2011，《上海女工》，韩慈译，南京：江苏人民出版社。

胡悦晗，2018，《生活的逻辑：城市日常世界中的民国知识人（1927－1937)》，北京：社会科学文献出版社。

华尔德（Andrew G. Walder），1996，《共产党社会的新传统主义：中国工业中的工作环境和权力结构》，龚小夏译，香港：牛津大学出版社。

黄立人，2003，《卢作孚书信集》，成都：四川人民出版社。

吉登斯，安东尼，1998，《民族—国家与暴力》，胡宗泽、赵力涛译，北京：生活·读书·新知三联书店。

金观涛、刘青峰，2001，《从"群"到"社会"、"社会主义"——中国近代公共领域变迁的思想史研究》，《"中央研究院"近代史研究所集刊》第 35 期。

金龙灵，1943，《四川省水上交通之发展及其趋势》，《四川经济季刊》第 1 卷第 2 期。

经江，1981，《解放前上海造船工业中的包工制度》，《学术月刊》第 11 期。

《军事训练班本月廿九日开学》，1936，《民生实业公司简讯》第 501 号。

江文君，2011，《近代上海职员生活史》，上海：上海辞书出版社。

科塞，L.，1989，《社会冲突的功能》，孙立平等译，北京：华夏出版社。

李邦典，1939，《二十七年之兵差》，《新世界》第 14 卷四、五合刊，3 月 20 日。

李邦畿，2007，《抗战中的重庆南岸民生新村》，http://www.msshipping.cn/Html/Article_Show.asp? ID=358。

李汉林，1993，《中国单位现象与城市社区的整合机制》，《社会学研究》第 5 期。

李汉林，2014，《中国单位社会：议论、思考与研究》，北京：中国社会科学出版社。

李汉林，2008，《变迁中的中国单位制度 回顾中的思考》，《社会》第 3 期。

李汉林、李路路，1999，《资源与交换——中国单位组织中的依赖性结构》，《社会学研究》第 4 期。

李汉林、渠敬东，2002，《制度规范行为——关于单位的研究与思考》，《社会学研究》第 5 期。

李康，1999a，《吉登斯——结构化理论与现代性分析》，载杨善华主编《当代西方社会学理论》，北京：北京大学出版社。

李康，1999b，《埃利亚斯》，载杨善华主编《当代西方社会学理论》，北京：北京大学出版社。

李练，2009，《民生老员工陈代六：我们曾执重庆足坛牛耳》，《重庆晨报》4 月 22 日。

李猛、周飞舟、李康，1996，《单位：制度化组织的内部机制》，《中国社会科学季刊》（香港）秋季卷，总第 16 期。

李培林、渠敬东、杨雅彬，2009，《中国社会学经典导读》，北京：社会科学文献出版社。

李桐先，1936，《朝会素描》，《新世界》105 期。

李文海，2009，《民国时期社会调查丛编（二编）社会组织卷》，福州：福建教育出版社。

李友梅，2007，《重塑转型期的社会认同》，《社会学研究》第 2 期。

《两个船上的会议》，1933，《新世界》第 18 期。

梁启超，1988/1936，《饮冰室合集》1，文集之二，北京：中华书局。

梁启超，2007/1896，《论学会》，载陆学艺、王处辉主编《中国社会思想史资料选辑 晚清卷》，南宁：广西人民出版社。

梁漱溟，2006，《乡村建设理论》，上海：上海世纪出版集团。

凌漱溟，1935，《我回头想念公司了》，《新世界》第 68 期。

凌耀伦，1990，《民生公司史》，北京：人民交通出版社。

凌耀伦，2000，《加强对卢作孚的思想研究——对卢作孚主要思想观点的介绍与评述》，载凌耀伦、周永林主编《卢作孚研究文集》，北京：北京大学出版社。

凌耀伦，2011，《中国近代化与中国资本主义——凌耀伦先生论文选集》，成都：四川大学出版社。

刘安，2009，《市民社会？法团主义？——海外中国学关于改革后中国国家与社会关系研究述评》，《文史哲》第 5 期。

刘大钧，2010，《中国工业调查报告》，载李文海主编《民国时期社会调查丛编》（近代工业卷·上），福州：海峡出版发行集团、福建教育出版社。

刘正勖，1937，《民职社第二学期开学纪录》，《新世界》第十卷第 12 期。

刘重来，2004，《卢作孚社会改革实践与中国现代化建设》，香港：天马出版有限公司。

刘重来，2007a，《卢作孚画传》，重庆：重庆出版社。

刘重来，2007b，《卢作孚与民国乡村建设研究》，北京：人民出版社。

刘重来，2016，《卢作孚何以加入少年中国学会》，《红岩春秋》第 5 期。

刘梦溪，1996，《中国现代学术经典·严复卷》，石家庄：河北教育出版社。

沈云龙等，2012，《刘航琛先生访问记录》，北京：九州出版社。

刘泗英，《民生公司是真正的社会事业》，载项锦熙主编《民生公司演讲集》上，北京：人民日报出版社。

刘子周，1938，《非常时期的修养》，《新世界》第十二卷第 2 期。

卢国纪，2003，《我的父亲卢作孚》，成都：四川人民出版社。

卢国纶，2015，《记卢作孚领导的宜昌大撤退：中国实业的敦刻尔克》，《参考消息》8 月 12 日。

卢晓蓉，2012，《我的祖父卢作孚》，北京：人民日报出版社。

卢作孚，1933，《团体生活的整理》，《新世界》第 35 期。

卢作孚，1935a，《中国的建设问题与人的训练》，上海：生活书店。

卢作孚，1935b，《船上新生活运动》，《新世界》第 79 期。

卢作孚，2016/1935，《欢迎张、陈、任三先生讲演记略》，载《民生公司演讲集》下，北京：人民大学出版社。

卢作孚、宋师度、郑璧成，1937，《追悼甘襄理：附录甘襄理南引先生挽联之一斑》，《新世界》第 10 卷第 7 期。

卢作孚，1999，《卢作孚文集》，北京：北京大学出版社。

卢作孚等，2013，《乡愁东岸：东北江浙海南岛旅行记》，沈阳：辽宁教育出版社。

路风，1989，《单位—— 一种特殊的社会组织形式》，《中国社会科学》第1期。

路风，1993，《中国单位体制的起源和形成》，《中国社会科学季刊》（香港），总第4卷，第5期。

罗昌扬，1936a，《船员教育是这样办起来的》，《新世界》第98期。

罗昌扬，1936b，《对于船员的教育工作与感言》，《新世界》第99期。

罗昌扬，1937，《一年来的船员教育》，《新世界》第十卷第5、6期合刊。

罗绍衡，1934，《两年来之船员》，《新世界》第51期。

马昌铭，1983，《民生公司工资制度简介》，《企业管理》第6期。

罗隆基，2016/1935，《什么是行政》，载《民生公司演讲集》上，北京：人民日报出版社。

吕晓勇，2013，《国民政府抗战动员体制若干问题辨析》，《军事历史研究》第4期。

马明洁，2000，《权力经营与经营式动员——一个"逼民致富"的案例分析》，载清华大学社会学系主编《清华社会学评论》，厦门：鹭江出版社。

民生实业股份有限公司，1937，《民生实业公司十一周年纪念刊》。

民生实业股份有限公司，1938，《公司通函临难勿苟免》，《新世界》第十二卷第2期。

潘洵，2011，《抗战时期西南后方社会变迁研究》，重庆：重庆出版集团、重庆出版社。

裴宜理，2001，《上海罢工》，刘平译，南京：江苏人民出版社。

彭代勖，1937a，《船员教育十月来小小的收获》，《新世界》第十卷第3、4期合刊。

彭代勖，1937b，《船员教育告一段落》，《新世界》第十一卷第5期。

秦孝仪等，1983，《革命文献 抗战建国史料——社会建设（一）》，台北：中国国民党"中央委员会"党史委员会。

《请假未准前不得离船》，1938，《民生实业公司简讯》第 689 号。

渠敬东，1999，《涂尔干的遗产：现代社会及其可能性》，《社会学研究》第 1 期。

渠敬东，2014，《职业伦理与公民道德——涂尔干对国家与社会之关系的新构建》，《社会学研究》第 4 期。

渠敬东、傅春晖、闻翔，2015，《组织变革和体制治理：企业中的劳动关系》，北京：中国社会科学出版社。

全汉升，2007/1934，《中国行会制度史》，天津：百花文艺出版社。

冉云飞，2007，《民生公司职员六十年前的日记（三）》，《书屋》第 3 期。

任焰、潘毅，2006，《跨国劳动过程的空间政治：全球化时代的宿舍劳动体制》，《社会学研究》第 4 期。

邵雍，2002，《中国秘密社会·第六卷·民国社会》，福州：福建人民出版社。

沈云龙、张朋园、刘凤翰访问；张朋园、刘凤翰记录，2012，《刘航琛先生访问记录》，北京：九州出版社。

盛绍尧，1938，《民生职工家属工业社之始末》，《新世界》第十一卷第 8 期。

史国衡，1946，《昆厂劳工》，重庆：商务印书馆。

斯格特，2002，《组织理论》，邱泽奇译，北京：华夏出版社。

司文晶、宣朝庆，2019，《文化营造与宿舍共同体的生产——以〈恒源纱厂人事科女工管理处记事〉为核心的分析》，《社会学研究》第 3 期。

孙立平，2000，《"过程—事件分析"与当代中国国家农民关系的实践形态》，载清华大学社会学系主编《清华社会学评论特辑1》，厦门：鹭江出版社。

孙中山，1986/1924，《三民主义·民族主义》，载中山大学历史系孙中山研究室、广东省社会科学院历史研究所、中国社会科学院近代史研究所中华民国史研究室编《孙中山全集》，北京：中华书局。

《谈会议制度》，1938，《民生实业公司简讯》685 号。

唐润明，2015，《衣冠西渡：抗战时期政府机构大迁移》。北京：商务印书馆。

陶孟和，1996，《中国的人民的分析》，载《孟和文存》卷一，《民国丛书》第五编，上海：上海书店。

天津市社会局局长胡梦华，1946，《为中纺职工缓征兵役事致天津市政府的呈》，10 月 29 日。天津市档案馆，档案号：401206800 - J0025 - 3 - 004878 - 002。

天津市政府市长杜建时，1946，《为中纺职工并无缓役规定事致天津市社会局指令》，11 月 22 日。天津市档案馆，档案号：401206800 - J0025 - 3 - 004944 - 036。

天津市政府市长张廷谔，1946，《为铁路员工役缓服兵役事致天津市社会局训令》，10 月 30 日。天津市档案馆，档案号：401206800 - J0025 - 3 - 004944 - 020。

田汝康，1946，《内地女工》，重庆：商务印书馆。

田彤，2011，《民国时期劳资关系史的回顾与思考》，《历史研究》第 1 期。

田毅鹏、刘杰，2010，《"单位社会"历史地位再评价》，《学习与探索》第 4 期。

田毅鹏、漆思，2005，《"单位社会"的终结——东北老工业基地"典型单位制"背景下的社区建设》，北京：社会科学文献出版社。

《同舟》，1932，《新世界》第 10～11 期。

童少生，1983，《回忆民生轮船公司》，载中国人民政治协商会议四川省重庆市委员会文史资料研究委员会编《重庆文史资料》第十七辑。

涂尔干，2000/1902，《社会分工论》，渠东译，北京：生活·读书·新知三联书店。

土调，1934，《竹枝词（三）、（四）》，《新世界》第 46 期。

王笛，2001，《跨出封闭的世界：长江上游区域社会研究（1644 - 1911）》，北京：中华书局。

王笛，2018，《袍哥：1940 年代川西乡村的暴力与秩序》，北京：北京大学出版社。

王冠群，1934，《到公司后一月来的感觉》，《新世界》第 46 期。

王果，2014，《中国近代思想家文库·卢作孚卷》，北京：中国人民大学出版社。

王汉生、阎肖锋，1992，《从等级性分化到集团性分化》，《社会学与社会调查》第 1 期。

王轼，1986，《严复集》，北京：中华书局。

王星，2009，《师徒关系合同化与劳动政治——东北某国有制造企业的个案研究》，《社会》第 4 期。

王星，2014，《技能形成的社会建构：中国工厂师徒制变迁的社会学分析》，北京：社会科学文献出版社。

王延中，1991，《中国的工厂和职工生活——工厂办社会的研究》，北京大学社会学系博士学位论文。

纬，1933，《经济集团》，《申报月刊》第二卷第三号。

魏文享，2004，《制约、授权与规范——试论南京国民政府时期对同业公会的管理》，《华中师范大学学报》（人文社会科学版）第 4 期。

魏文享，2011，《职业团体与职业代表制下的"民意"建构——以 1931 年国民会议为中心》，《近代史研究》第 3 期。

闻翔，2013，《"乡土中国"遭遇"机器时代"——重读费孝通关于〈昆厂劳工〉的讨论》，《开放时代》第 1 期。

闻翔，2018，《劳工神圣：中国早期社会学的视野》。北京：商务印书馆。

《我们报国的途径》，1938，《民生实业公司简讯》第 687 号。

吴洪成、郭丽平，2006，《教育开发西南——卢作孚的事业与思想》，重庆：重庆出版社。

吴瓯，1931a，《天津市纺纱业调查报告》，天津：天津市社会局。

吴瓯，1931b，《天津市火柴业调查报告》，天津：天津市社会局。

吴瓯，1932，《天津市面粉业调查报告》，天津：天津市社会局。

吴鸥、陈举、李育桐，1931，《天津市社会局统计汇刊》，天津：天津市社会局。

吴善中，2002，《试论哥老会崛起的社会历史背景》，载孔祥涛、刘平主编《我看中国秘密社会——蔡少卿先生执教五十周年暨七十华诞纪念文集》，南宁：广西人民出版社。

吴晓刚，1994，《从人身依赖到利益依赖：一项关于中国单位组织的研究》，北京大学社会学系硕士学位论文。

吴小沛，2011，《近代中国封建把头制度研究》，《湖北经济学院学报》（人文社会科学版）第 8 期。

谢立中，2005，《埃米尔·涂尔干》，载杨善华、谢立中主编《西方社会学理论（上卷）》，北京：北京大学出版社。

《新世界复刊词》，1944，《新世界》3 月 15 日。

项锦熙，2016，《民生公司演讲集》，北京：人民日报出版社。

项锦熙，2017，《民国时期嘉陵江三峡地区演讲集》，北京：人民日报出版社。

熊甫、吴兴策、周玉玮，1984，《民生公司的经营管理》，载中国民主建国会重庆市委员会、重庆市工商联合会文史资料工作委员会编《重庆工商史料》第四辑，重庆：重庆出版社。

徐敦楷，2010，《民国时期科学管理思想在中国的传播与运用》，《中南财经政法大学学报》第 2 期。

《训练纲要》，1934，《新世界》第 47 期。

宣朝庆、赵芳婷，2011，《工业化时代的住房保障——基于民国时期劳工住宅问题的分析》，《南开大学学报》（哲学社会科学版）第 4 期。

颜碧野，1932，《集团结婚在民生公司》，《新世界》第 88 期。

阎宝航讲，周仁贵记，1936，《新生活运动是救亡国存的要素》，《新世界》第 105 期。

阎明，2010，《中国社会学史：一门学科与一个时代》，北京：清华大学出版社。

严云强，2004，《简论卢作孚建设"现代集团生活"思想》，载刘重来主编《卢作孚社会改革实践与中国现代化建设》，香港：天马出版有限公司。

严中平等，1955，《中国近代经济史统计资料选辑》，北京：科学出版社。

杨可，2010，《"正名"和"做事"：以码头工人为例看民国前期工会与旧式工人团体的关系》，《广东社会科学》第 1 期。

杨可，2013，《民生公司的现代集团生活建设——一个社会学的视角》，《开放时代》第 4 期。

杨可，2016，《杨可：劳工宿舍的另一种可能：作为现代文明教化空间的民
国模范劳工宿舍》，《社会》第 2 期。

杨雅彬，2009，《陈达与中国劳工和人口研究》，载李培林、渠敬东、杨雅
彬主编《中国社会学经典导读》（下册），北京：社会科学文献出版社。

姚纯安，2003，《清末群学辨证——以康有为、梁启超、严复为中心》，《历
史研究》第 5 期。

姚纯安，2006，《社会学在近代中国的进程（1895－1919）》，北京：生活·
读书·新知三联书店。

叶文心，2006，《时钟与院落——上海中国银行的威权结构分析》，载王笛
主编《时间·空间·书写》，杭州：浙江人民出版社。

《宜公司同人参加军训》，1936，《新世界》第 89 期。

应星，2008，《中国近代以来的演变》，载李培林、李强、马戎主编《社会
学与中国社会》，北京：社会科学文献出版社。

英格尔斯，1985，《人的现代化》，殷陆君编译，成都：四川人民出版社。

俞治成，1934，《卢作孚先生访问记》，《长城》第 1 卷第 7 期。

翟士煊，1933，《战胜日本茶房！》《新世界》第 19 期，1933 年 4 月 1 日。

张成煜，2013，《我所了解的民生公司》，民生公司研究室内部资料。

张灏，2014，《梁启超与中国思想的过渡（1890－1907）》，南京：江苏人民
出版社。

张瑾，2003，《近年美国的卢作孚研究》，《博览群书》第 9 期。

张瑾，2004，《卢作孚"北碚模式"与 20 世纪二三十年代重庆城市变迁》，
载刘重来主编《卢作孚社会改革实践与中国现代化研究》，香港：天马
出版有限公司。

张静，2001a，《利益组织化单位——企业职代会案例研究》，北京：中国社
会科学出版社。

张静，2001b，《"法团主义"模式下的工会角色》，《工会理论与实践》第
1 期。

张静，2005，《法团主义及其与多元主义的分歧》，北京：中国社会科学出
版社。

张澍霖，1933，《会议制度为新时代新事业之所必须》，《新世界》第 19 期。

张起，2012，《李劼人与民生公司及其实业思想探因》，《蜀学》第七辑，成都：西南交通大学出版社。

张守广，2014，《卢作孚年谱长编》上，下，北京：中国社会科学出版社。

张守广，2015，《筚路蓝缕：抗战时期厂矿企业大迁移》，北京：商务印书馆。

张守广，2017，《卢作孚与川康整军》，《卢作孚研究》第 1 期。

张守广，2002，《卢作孚年谱》，南京：江苏古籍出版社。

张忠民，2003，《20 世纪 30 年代上海企业的科学管理》，《上海经济研究》第 6 期。

赵宏，2006，《袍哥理门一贯道》，北京：团结出版社。

赵洪顺，2007，《国民党政府劳工政策研究（1927 - 1949）》，山东师范大学硕士学位论文。

赵晓铃，2000，《走向兼善——卢作孚的公有化思想》，载凌耀伦、周永林主编《卢作孚研究文集》，北京：北京大学出版社。

赵晓铃，2002，《卢作孚的梦想与实践》，成都：四川人民出版社。

赵晓铃，2006，《战时世外桃源：民生新村》，《卢作孚研究》第 4 期。

赵晓铃，2010，《卢作孚的选择》，广州：广东人民出版社。

赵晓铃，2012，《炮火下的人事管理》，《卢作孚研究》第 2 期。

折晓叶，1996，《村庄边界的多元化：经济边界开放与社会边界封闭的冲突与共生》，《中国社会科学》第 3 期。

甄克思，1981，《社会通诠》，严复译，北京：商务印书馆。

郑璧成，1932，《我们纪念九一八应有的觉悟》，《新世界》第 7 期。

郑璧成，1934，《请水道士当心些》，《新世界》第 58 期。

郑璧成，2017/1934，《现代航业竞争的原因及其实况》，载项锦熙编《民生公司演讲集》，北京：人民日报出版社。

郑璧成，1937，《本公司之航业》，《民生实业公司十一周年纪念刊》。

郑璧成，1947，《致卢作孚函》，载黄立人编《卢作孚书信集》，成都：四川人民出版社。

郑南，2013，《丰田公司的发展与地域社会——以先行研究为基础》，《现代日本经济》第 6 期。

直云，1933，《这一次的股东大会》，《新世界》第 21 期。

周文藩，1936，《谈谈集团生活》，《新世界》第 100 期。

朱懋澄，1935，《改良劳工住宅与社会建设运动》，出版者不详。

朱树屏，1934，《快乐的英文谈话会》，《新世界》第 46 期。

周勇，2002，《重庆通史·第三卷·近代史》（下），重庆：重庆出版社。

子冀，1936，《蚂蚁的精神》，《新世界》第 97 期。

Burawoy, Michael, 1976, "The Functions and Reproduction of Migrant Labor: Comparative Material from Southern Africa and the United States," *American Journal of Sociology* 81 (5).

Chan, Anita, 1993, "Revolution or Corporatism? Workers and Trade Unions in Post-Mao China," *Australian Journal of Chinese Affairs* 29.

Hershatter, Gail, 1986, *The Workers of Tianjin*, 1900 – 1949, Stanford, California: Stanford University Press.

Margaret M. Pearson Reviewed, 1994, "The Janus Face of Business Associations in China: Socialist Corporatism in Foreign Enterprises," *Australian Journal of Chinese Affairs* 31.

Oi, Jean C., 1995, "The Role of the Local State in China's Transitional Economy," *The China Quarterly* 144.

Reinhart, Anne, 2002, "Navigating Imperialism in China: Steamship, Semicolony and Nation, 1860 – 1937," PhD Dissertation of Princeton University.

Unger, Jonathan & Anita Chan, 1995, "China, Corporatism, and the East Asian Model," *The Australian Journal of Chinese Affairs* 33.

附录 1
访问案例介绍

案例	姓名	性别	生年	入民生时间	编号	初进民生主要身份/职务
1	陈代禄（访五次）	男	1915 年	1932 年	2010021101	练习生/总务处文书股、人事股办事
2	李少亭	男	1914 年	1936 年	2009090901	经理/理货经理，副经理
3	邹鸿俊	男	1921 年	1937 年	2010050601	练习生/船上理货员
4	马正浓	男	1920 年	1938 年	2010050701	茶房、练习生/人事科文书管理
5	杨辛	男	1922 年	1938 年	2010051901	练习生/船务处油料股发油
6	陈鸿宾	男	1922 年	1940 年	2009090902	练习生/财务科会计
7	罗英杰	男	1926 年	1941/1947 年	2009110801	学徒工/民生印刷厂学徒、排字；煤站雇工
8	周永清	男	1922 年	1942 年	2010050402	练习生/物产部总务、会计
9	刘本祥	男	1921 年	1944 年	2009111001	办事员/船上经理、船长
10	周永清	男	1926 年	1944 年	2009111002	茶房/物产部服务
11	张宜芳	女	1922 年	1944 年	2010050502	助理员/财务处会计
12	谭春常	男	1922 年	1944 * 年	2010050501	雇工/忠丰石土桥子煤矿煮饭
13	金开元	男	1931 年	1949 年	2010050401	工友/民生新村小学打铃
14	甘克超	女	1927 年		2018071501	民生公司总务处襄理兼人事股主任甘南引之女
15	项锦熙 **	男			2010050403	

注：* 因非正式录用，1994 年档案关系未进民生公司，鉴于实际已经参与民生公司相关的工作，因此从 1944 年开始计算。1952 年他在一名共产党员的帮助下正式进入民生公司参加工作。

** 非老民生公司职工，系前任民生公司研究室主任，原民生机器厂子弟校历史课教师。

附录 2
抗战时期民生公司牺牲船员名单

民俗轮	李晖汉	王炳荣	陈志昌	陈新阶	龙海云	熊道新
	李元茂	潘楚全	杨培元	李太元	熊安乐	邱宝定
	徐伯臣	倪臣相	张民丰	陈禹延	薛敬利	黄连清
	杨海廷	罗绍轩	刘树荣	陶国斋	邓全德	邓国祥
	徐寿廷	戴子谦	朱一鸣	杨全盛	唐泽民	袁文彬
	彭协华	罗光楷	戴如概	邹国祥	曾国祥	申志忱
	曹 述	张更新	李坤山	谢海清	孙铭钦	刘让修
	戴清云	戴鸣和	王金山	殷国庆	戴长发	田焕章
	周树荣	杨明俊	杨明会	邓金山	秦海泉	张兴高
	黄少轩	唐荣华	雷成甫	邓其训	李仲书	李光荣
	王荣宗	邱绍卿	陈天星	夏禹舟	袁乐兴	刘益三
	徐耀光	沈文品	徐国良	龚吉云		
民俭轮	徐大义	杨金炳	陈德清	赵炳坤	黄汉清	
民太轮	唐耀琛					
民宪轮	朱文钦	蒋顺铺	符雪园	韩长寿	顾裕香	李树森
	简策书	刘金生	黄云华	范云安	菊正清	威广俊
	刘光谷					
民元轮	游玉顺					
民文轮	杨瑞丰（在民宪轮遇难）					
民主轮	陈善全					

民苏轮　刘海山

民约轮　邓学忠

民享轮　甘树松　姜耀根　王鹏程　李志云　韦四贵　汤国民
　　　　易法中　周老幺　毛玉清

民众轮　张椿林　李信臣（民生厂派船工作遇难）

民贵轮　陈建勋

申汉引水　吕乘琴

第三趸船　程炳炎

第四趸船　左子平

第七趸船　陈祥忠

资料来源：民生公司档案，第 1650 卷《视察报告书》。转引自凌耀伦，1990：185～186。

附录 3
民生公司与新中国国营企业福利制度比较

项目	民生公司（正式职工 战前）*	民生公司（正式职工 战时）**	国营企业（正式职工）***
工伤或职业病	医药费及调养费全部由公司负担。工薪照发	医药费及调养费全部由公司负担。工薪照发	百分之百医疗费、住院费、交通费报销，医疗期间百分之百工资，食品与药物报销三分之一，挂号费本人自付
工伤致残	如能担任其他工作则改调其他工作，不能再担任任何职务者，给予终身残疾救助金。救助金额以服务年限长短而异	救助金额按致残时月薪半数按月发给，较战前高	在死亡或康复前领取工资的百分之六十，若由此造成部分致残并转入收入较低的工作，领取原工资百分之十至百分之三十作为补偿，但不得超过原工资
非因公受伤或得病	在公司医务室看病，公司负担诊费，药费本人负担。工薪照发	在公司医务室看病，诊费药费一律免费，药费自理，但可享受九折优待。一年之内请病假一次，累计在两个月以内者给全薪，在二月以上四个月以下者给半薪，四个月以上者停薪	医疗费用于药物报销，职工支取贵重药品、交通费、饭费，六个月内领取百分之六十至百分之一百工资，之后领取百分之四十至六十工资（取决于工龄）。
非工伤致残	不详	不详	终身残废者终身领取百分之四十至五十工资。

续表

项目	民生公司 （正式职工 战前）	民生公司 （正式职工 战时）	国营企业（正式职工）
家属受伤或得病	不详	不详	有权在企业的医疗室或附属医院中进行治疗，报销百分之五十医药费、贵重药品、交通费、住院期间住房费用、饭费、挂号等、医疗等各种检验费由家庭自理
死亡补贴	一次性给予 50－100 元救助金，另根据服务年限长短和死者赡养人口情况给予遗族生活费	一次性抚恤费按照月工资的倍数确定，月工资未满 10 元这，按其工资 10 倍发给；月工资 10－40 元者 9 倍，40－120 元者 8 倍……，400 元以上者 5 倍。遗族生活费标准完全以工龄长短来确定金额大小与享用年限。另，41 年民俗轮被炸后补贴标准按原标准六倍计算	因公：一次发给三个月工资，未成年子女发给百分之二十五至五十原工资至成年
产假	两个月内工资照发，女教师产假期间请人代课者，代课费由公司承担	两个月内工资照发，女教师产假期间请人代课者，代课费由公司承担。生产时发红布予以奖励	五十六天全工资（流产三十天），生育前在工厂医疗室或附属医院享受免费孕期保健，每个子女出生后发给四元津贴，未婚生育不享受上述待遇
退休金	60 岁以上不能再担任任何职务者，可以领取养老金，根据职务和服务年限有别	根据 1941 年《职工养老金条例草案》，规定以下几种情况可以申请退休：1）年满 60 岁；2）服务 15 年以上，年满 50 岁；3）服务 25 年以上。养老金根据退休时月薪和服务年限计算	男性：年龄六十、工龄二十五年，在现单位工作五年以上，享受百分之六十至九十原工资，如果退休年龄后继续工作，在原工资之外再多领工资的百分之十至二十
退职金	不详	不详	根据工龄一次发给
生活补助	不详	不详	享受国家补助
带工资探亲假	每年可有 24 天事假，带薪，每次事假不超过 5 天；婚丧假及灾假不扣薪	每年特别休假 12 天，可利用特别休假外出参观游览	根据距离远近每年二至三星期，全工资，领导可根据情况给予旅费补助

续表

项目	民生公司 （正式职工　战前）	民生公司 （正式职工　战时）	国营企业（正式职工）
享受工厂 福利设施	可申请宿舍，公司分配； 其余无限制	可申请宿舍，公司分配； 其余无限制	无限制
调换工作补贴	不详	不详	补贴搬家费用，赔偿该过程中出现的损失
粮食补贴	消费合作社售卖平价米	消费合作社售卖平价米	全部补贴粮价上涨费用
文化娱乐、 教育津贴	办小学、中学，职工子弟免费入学；设立图书室、职工俱乐部，购置图书、乐器及体育器材，免费使用，提供活动经费开支；职工子女有奖学金，考入其他学校可予以贷款；补贴短足旅行及文艺联欢	办小学、中学，职工子弟免费入学；设立图书室、职工俱乐部，购置图书、乐器及体育器材，免费使用，提供活动经费开支；职工子女有奖学金，考入其他学校可予以贷款；补贴短足旅行及文艺联欢	
服装津贴	补贴麻制服，每人每年两套，工资 20 元以下者津贴 1/2，20 元以上者津贴 1/3	补贴麻制服，每人每年两套，工资 20 元以下者津贴 1/2，20 元以上者津贴 1/3	
乘船优待	职工婚、丧、事假，返家及特别休假，参观游览等，可免费乘公司轮船，直系亲属可享半票优待	职工婚、丧、事假，返家及特别休假，参观游览等，可免费乘船，直系亲属可享受半票优待。1938年起，职工家属逃难来川乘船免票	
战时个人物品 损失赔偿	无	每人 200 元	
保险津贴	无	月薪 10 元以下者津贴一半，11～20 元者津贴 1/3，21～30 元者津贴 1/4	

＊根据凌耀伦《民生公司史》载录材料整理，主要依据民生公司 1932 年制定的《职工救助条例》。

＊＊根据凌耀伦《民生公司史》载录材料整理，主要依据民生公司 1937 年制定的《民生公司职工救助暂行办法》。

＊＊＊此栏内容录自华尔德（1996）页 50～51 表三。

后　记

风高浪急，志士同舟。知我者谓我心忧，不知我者谓我何求。

我从 2009 年开始着手民生公司研究，到今天才终于忐忑地交出这份答卷，转瞬已是十年，这期间有太多感动，有太多的人给过我热心支持与帮助，我也总算有了一个向他们致以敬意和谢意的机会。

感谢最早为我引路的民生公司研究室的龙海先生！命运就是这样奇妙，没有他最初的指点，即使对那些民生公司传说耳熟能详的我也不会产生以社会学的视角重新研究一番的念头。后来民生公司研究室项锦熙主任、长航公司退管办也都热情地为我这个名不见经传的年轻人联系民生公司老职工，指点访问的门径。民生公司研究室还不忘将每期《卢作孚研究》寄给我，并且惠允本书封面使用民主轮宝贵的历史图片。民生公司研究室诸位老师和公司领导还拨冗审阅了书稿全文，为本书减少了不少谬误和疏漏，没有他们的帮助，本书不会是今天的样子。那些八九十岁的老民生公司职工和家属是最可爱的人，从最初认为我是去"卖药的"到后来给我无私的信任，向我敞开他们的家门和心扉，分享他们峥嵘岁月的人生故事和过去的人生体悟。尤其是刘本祥、陈代禄两位老先生还慷慨地把亲笔写下的回忆录拿给我参考。他们的经验和分享是这一研究最宝贵的情感根基。

在本书的写作期间，我力图保持社会学的学科视角，对卢作孚等前辈之高尚人格所起的作用保持谨慎，力求不让自己的价值判断渗入研究过程。这种分离让我感到些许不安，所有曾经给过我无私帮助的人，也许在期待着我用更为热切的笔触来讲述他们的故事，而我没有这样做。事实上，写作过程中克服自己的情感投入也并非易事，这其中经历了许多次慨叹、思索并再度改动的过程。我想说的是，这绝不意味着我对民生公司和卢先生的尊敬有丝毫减轻。曾记得在重温船员教育运动中的船员家信时，每每看到一个名字我就很紧张，立刻去查民生公司战时牺牲船员的名单里有没有他，在那一封封简单得不能再简单的家信后面，是惦记母亲、祖母身体的儿子，是安慰妻子的丈夫，是抵制洋布支持广东布匹的年轻的爱国者。我真怕战火摧毁了这些可爱的生命！但事实是，无论我是否认得出这几个名字，民生公司和它的热血男儿的确为国家和民族做出了重大的贡献与牺牲，值得全民族向他们致以敬意。

我的恩师，北京大学社会学系杨善华教授从一开始就非常支持这项研究，一路给我很多指点、建议与帮助。在书稿付梓时又为本书写下了慷慨的序言。多年来他一直提醒我做研究要开阔视野，放长眼量，尽管我深知目前的成果还远未达到先生的要求，但我愿意把这作为践行先生意见的一个尝试和不断前行的一个起点。

感谢北京大学社会学系谢立中、王思斌、佟新、刘爱玉、熊跃根、鄢盛明等诸位教授在我写作过程中给出的意见和建议，促使我不断反思和改进框架、补充材料、完善论述。在本书构思的最初阶段，渠敬东教授曾给过我精到的指点和阅读建议；中国社会科学院社会学研究所的罗琳编审对我最早的书稿第一个提出了直率的批评和宝贵的建议，让我受益匪浅；刘小京、沈崇麟、谭深、李楯、张宛丽、李康、金一虹、闻翔、杨典、孟蕾、刘亚秋、胡伟、陈家建、陈敬慈、汪建华、孟泉、张浩、蒋勤、杜洁、潘家恩等各位师友都曾就这一研究跟我进行过热烈的讨论，他们的鼓励、建议和疑问都是我不断思考和探索的动力，本书能最终成稿离不开这来自职业共同体的"热力"！而本书的顺利付梓，离不开社科文献出版社的童根兴副总编辑和责任编辑任晓霞的认真、负责的工作，他们是值得学习的将敏锐高效和审慎细致融于一身的专业学术编辑的典范；美术编辑李超强的封面设计让古老的民主轮和碧浪滚滚的川江焕发风采，令人心折。

本书写作期间，陈文玲、刘丽敏、马冬玲等姐妹跟我进行了多次讨论，她们擅长的严肃活泼并举的聊天常常让我茅塞顿开，深感她们不可替代；我的父母在我回渝访谈时发动亲友联系民生公司老职工、写作书稿时抢着承担家务，可谓全程的坚强后盾，没有他们的帮助，完成书稿是不可想象的；我的先生和儿子对我写作期间情绪的紧张和家里的混乱给予了最大的理解和支持。这些爱的付出常常无声无息，让我感叹自己三生有幸。在此向他们致以最深切的谢意！

最后，请允许我把拙作献给我的祖父，他在民生公司工作了一辈子，也让我们一家人与民生公司结下了缘分。就像我在研究中结识的每个民生人一样，他勤勉、诚恳、简朴、品行高洁，这部虽不完美却是出于诚意的作品应该属于他，属于那些爷爷给小孙女讲民生传奇的动人夏夜。

图书在版编目(CIP)数据

同舟：职业共同体建设与社会群力培育 / 杨可著
. -- 北京：社会科学文献出版社，2019.4
（当代中国社会变迁研究文库）
ISBN 978 - 7 - 5201 - 4574 - 9

Ⅰ.①同⋯ Ⅱ.①杨⋯ Ⅲ.①航运公司 - 企业管理 -
研究 - 中国 - 民国 Ⅳ.①F552.6

中国版本图书馆 CIP 数据核字（2019）第 055201 号

当代中国社会变迁研究文库
同舟：职业共同体建设与社会群力培育

著　　者 / 杨　可

出 版 人 / 谢寿光
责任编辑 / 任晓霞

出　　版 / 社会科学文献出版社·群学出版分社 （010）59366453
　　　　　　地址：北京市北三环中路甲 29 号院华龙大厦　邮编：100029
　　　　　　网址：www.ssap.com.cn
发　　行 / 市场营销中心 （010）59367081　59367083
印　　装 / 三河市龙林印务有限公司

规　　格 / 开　本：787mm × 1092mm　1/16
　　　　　　印　张：11.75　字　数：177 千字
版　　次 / 2019 年 4 月第 1 版　2019 年 4 月第 1 次印刷
书　　号 / ISBN 978 - 7 - 5201 - 4574 - 9
定　　价 / 59.00 元